职业能力导向

课程及教材开发指南

赵鹏飞 吴 琼 杜怡萍 冯小军 ◎主编

复旦大学出版社

内容提要

本书分为三个部分七章内容。第一部分为课程开发，包括课程开发概述、职业能力分析方法、课程开发步骤与方法，较为详细地介绍了校企"双元"合作开发课程的基本思路、具体步骤及方法。第二部分为教材建设，包括职业教育教材建设背景、教材编写步骤与方法，重点介绍校企"双元"合作开发新型活页式教材、工作手册式教材的基本思路与结构特点，针对教材编写中难于突破传统教材篇章结构这一共性问题，较详细地介绍了如何根据企业生产实际、岗位需求，体现职业教育人才培养特色及对应职业岗位特有的思维方式和工作方式编写教材。在教材的呈现形式上，新型活页式、工作手册式教材替代传统教材，并配套开发信息化资源、案例和教学项目，建立动态化、立体化的教材和教学资源体系，使专业教材能够跟随信息技术的发展和产业升级情况，及时调整更新，使教材内容能够反映本专业最新知识以及新工艺、新方法、新流程、新规范和新标准；教材开发融入对学生创新精神和自主学习能力培养的内容，使学生能够把所学知识灵活地应用于实际，创造性地解决问题。教材既适用于学历教育，又适用于企业培训，最大限度满足多种学习形式的需求。第三部分为课程及教材开发案例，收录了大量校企"双元"合作开发课程及教材的案例，均选自基于职业能力导向系统开发课程及教材编写各环节的阶段性成果，并进行针对性分析。

本书可为职业院校和企业的专业教师在课程体系整体改革及新型教材编写、校企深度融合共建双师结构团队、"双元"合作开发新型教材提供参考。

欢迎读者分享更多双元合作开发课程和教材的经验，我们将选择部分以案例形式放本书二维码里与大家交流分享，请联系我们（邮箱：xdxtzfudan@163.com）。

编 委 会

主　　　任　赵鹏飞

编委会成员　高　鸿　　赵有生　　崔　岩　　李国桢
　　　　　　　宋　凯　　祝木伟　　温金祥　　姚和芳
　　　　　　　刘　伟　　马良军　　刘兰明　　严　峰
　　　　　　　张　志　　石范锋　　龚晓涛　　刘文龙
　　　　　　　蒋中午

执 行 主 编　赵鹏飞　吴　琼　杜怡萍　冯小军

前 言

职业教育与普通教育是两种不同教育类型,具有同等重要地位。党的十九大要求完善职业教育和培训体系,深化产教融合、校企合作。现代学徒制是推进产教融合、校企合作的重要抓手。现代学徒制人才培养模式下的教师、教材、教法(简称"三教")改革是贯彻落实《国家职业教育改革实施方案》(简称"职教20条")等文件要求的具体行动,是促进职业教育校企"双元"育人的关键举措,是推进职业院校质量提升,促进高质量就业、高质量服务、高水平发展的有效途径。

从《关于加快发展现代职业教育的决定》(国发〔2014〕19号)到《国务院办公厅关于深化产教融合的若干意见》(国办发〔2017〕95号)、再到《国家职业教育改革实施方案》(国发〔2019〕4号)、《教育部办公厅关于全面推进现代学徒制工作的通知》(教职成厅函〔2019〕12号)、《教育部办公厅关于做好扩招后高职教育教学管理工作的指导意见》(教职成厅函〔2019〕20号)等系列文件出台,大大加快了新时代职业教育改革发展的步伐。国家将职业教育上升到人力资源发展战略的高度,与社会经济发展具有同等重要的作用,职业教育受到前所未有的重视,迎来了新的机遇与挑战。全面推广现代学徒制人才培养模式,积极推动"三教"改革,促进产教深度融合、校企协同育人,全面提升人才培养质量是当下职业院校教育教学改革的重中之重。校企"双元"合作开发课程,"建设一大批校企'双元'合作开发的国家规划教材",是当前职业院校教材建设的当务之急,也是进一步提升技术技能人才培养质量的基础性工作。

目前,尽管职业院校在思想上认识到"三教"改革是破解职业教育改革发展难题的迫切需要,并积极推进,然而一旦落实到行动上,课程改革及教材建设还是难以实现校企"双元"合作开发,未能充分体现职业教育人才培养模式变革的新理念、新要求。一是职业院校教材开发的企业有效参与机制尚未真正建立起来。企业在课程及教材开发中的主体作用没有有效体现,仍然是学校单一主体。

学校教师对企业岗位工作流程及要求不熟悉，所开发出来的教材通常严重滞后并远离企业工作岗位的实际发展，难以满足"双元"协同育人的需求。还是以教师为中心、学科本位的教材模式，教学方法、评价方式较为单一，教学内容较陈旧。二是缺乏很好的沟通机制使学校与企业的课程有效衔接，形成人才培养的完整链条，没有很好地利用企业培训及岗位评价标准等优质资源，没有突出岗位能力培养，造成企业难以作为主体真正参与课程与教材的研发。三是校企双师结构团队组建不到位，校企"双元"合作流于形式，无法实现协同育人，没有真正做到融合。而组建校企融合的创新型双师结构团队是课程及教材开发的重要基础。前述三个方面的问题是当下众多院校推进"三教"改革普遍遇到的瓶颈，随着改革的不断深入，职业教育面临课程及教材"大变革"的攻坚克难阶段，"教学改革改到深处是课程、改到痛处是教师、改到实处是教材"，最难是教材，开发系列教材更难。教材改革是教师、教法改革成果的重要基础，只有教材改革到位才有助于教师、教法的改革。

随着现代学徒制试点工作的逐步开展，广东省高等教育出版社出版了《现代学徒制专业教学标准和课程标准开发指南》、复旦大学出版社首次出版了"全国现代学徒制医学美容专业'十三五'规划教材系列""工业机器人专业双元育人教材系列""电子商务专业双元育人教材系列"等新型活页式教材，并经过两个学期的教学实践，获得教师和学生们的一致好评，为职业院校课程改革与教材建设提供了借鉴的方法和案例。在此基础上，为进一步推动职业院校的"三教"改革，由全国现代学徒制工作专家指导委员会主任委员赵鹏飞教授牵头，组织全国现代学徒制专家库多名专家及企业的实践专家共同编撰此书，全书总结了近十年现代学徒制探索实践中，课程及教材开发方面积累的实践经验，列举了很多案例与读者分享，希望这些在实践中探索和积累的经验，能够以本书为载体，对校企合作、双元育人课程改革及调动企业参与积极性等方面起到一定帮助，并对在"全面推行现代学徒制""双高计划""高职扩招"等改革背景下的课程改革有所借鉴，更期待本书问世后能够促进更多的行业企业与职业院校深度合作、共同推动"三教"改革，为提升办学质量和人才培养质量做出贡献。

本书分为三个部分内容。第一部分为课程开发，包括课程开发概述、职业能力分析方法、课程开发步骤与方法，较为详细地介绍了校企"双元"合作开发课程的基本思路、具体步骤及方法。第二部分为教材建设，包括职业教育教材建设背景、教材编写步骤与方法，重点介绍校企"双元"合作开发新型活页式教材、工作手册式教材的基本思路、结构特点，针对教材编写中难于突破传统教材篇章结构这一共性问题，较详细地介绍了如何基于企业生产实际、岗位需求及课程标准，校企合作编写和开发符合生产实际和行业最新趋势的教材。第三部分为课程及教材开发案例，收录了大量校企"双元"合作开发课程及教材的案例，案例均选自基于职业能力导向系统开发课程及教材编写各环节的阶段性成果，并进行针对性分析。

本书在教材编写思路上有创新，在教材的呈现形式上，新型活页式、工作手册式教材替代传统教材，并配套开发信息化资源、案例和教学项目，建立动态化、立体化的教材和教学资源体系，使专业教材能够跟随信息技术发展和产业升级情况，及时调整更新。使教材内容能够反映本专业最新知识以及新工艺、新方法、新流程、新规范和新标准；教材开发融入对学生创新精神和自主学习能力培养的内容，使学生能够把所学知识灵活地应用于实际，创造性地解决问题。

本书立足职业院校课程和教材改革的难点问题，提供方法及案例作引玉之砖，希望职业院校的专业教师在课程体系整体改革及新型教材编写过程中获得一些启发，进而推动校企深度融合共建双师结构团队取得较好的效果，"双元"合作开发新型教材取得实效。

本书收录的所有实践案例均由全国现代学徒制试点院校及其合作企业提供，在此表示衷心感谢！

本书力求详尽，注重实践。由于课程及教材改革仍在路上，具体的思想、方法还需要在实践中不断完善。因此，书中谬误在所难免，望读者不吝赐教，共同探讨。

编者

2020 年 6 月

目 录

第一部分 课程开发

第一章 课程开发背景 003

第一节 我国职业教育课程开发模式现状 003
一、理论研究与教育实践相脱节 003
二、职业教育与普通教育的类型特征未厘清 004
三、课程目标与专业目标相剥离 004
四、课程开发与教材编写被等同 004
五、专业技能课程与技能操作雷同 005
六、课程开发模式与教学模式相混淆 005

第二节 校企合作开发课程的意义 005
一、职业教育课程开发模式的跨界性特征 005
二、课程开发模式的主要内涵 006
三、行业及行业协会是职业教育的跨界载体 007
四、校企合作是我国职业教育课程开发的必然选择 007

第三节 课程开发的原则与要求 008
一、课程开发的原则 008
二、课程开发的要求 009

第四节 课程开发的基本流程 009
一、确定课程目标 010
二、选择课程教学内容 010

三、组织课程教学 ··· 011
　　四、实施教学评价 ··· 011

第二章　职业能力分析方法 ··· 013

第一节　职业能力及分析方法概述 ······································· 013
　　一、职业能力的内涵 ··· 013
　　二、职业能力分析方法 ··· 016
　　三、职业教育课程开发路径 ··· 018

第二节　"二维四步五解"职业能力分析法 ······························· 020
　　一、"二维四步五解"分析法的基本内涵 ··································· 020
　　二、职业能力分析的工具 ··· 023
　　三、综合运用多种方法收集职业能力信息 ··································· 027

第三节　行业专家研讨会的组织与实施 ··································· 031
　　一、确定专业所面向的目标岗位 ··· 031
　　二、组织行业专家研讨会 ··· 035
　　三、行业专家研讨会的常见问题 ··· 046

第四节　职业能力分析表的形成与转化 ··································· 047
　　一、正式职业能力分析表的形成 ··· 047
　　二、职业能力到课程的转化 ··· 051

第三章　课程开发步骤与方法 ··· 058

第一节　课程开发团队组建 ·· 058
　　一、企业在课程开发中的地位与作用 ······································· 059
　　二、课程开发团队构成及组建方式 ··· 059
　　三、多元团队核心成员的基本条件 ··· 060
　　四、课程开发团队的基本要求 ··· 060

第二节　岗位需求调研 ·· 063
　　一、调研准备 ··· 063
　　二、组织调研 ··· 069

第三节　职业能力分析 ·· 072
　　一、职业能力分析会的前期准备 ··· 072

　　　　二、召开职业能力分析研讨会⋯⋯⋯⋯⋯⋯⋯⋯⋯⋯⋯⋯⋯⋯ 074
　　第四节　**课程体系构建与课程转换**⋯⋯⋯⋯⋯⋯⋯⋯⋯⋯⋯⋯⋯⋯ 079
　　　　一、会前准备⋯⋯⋯⋯⋯⋯⋯⋯⋯⋯⋯⋯⋯⋯⋯⋯⋯⋯⋯⋯ 080
　　　　二、召开会议⋯⋯⋯⋯⋯⋯⋯⋯⋯⋯⋯⋯⋯⋯⋯⋯⋯⋯⋯⋯ 080
　　第五节　**信息工具在课程开发中的应用**⋯⋯⋯⋯⋯⋯⋯⋯⋯⋯⋯⋯ 087
　　　　一、"专业标准建设平台"的组成与功能⋯⋯⋯⋯⋯⋯⋯⋯⋯⋯ 088
　　　　二、"专业标准建设平台"的应用⋯⋯⋯⋯⋯⋯⋯⋯⋯⋯⋯⋯ 088

第二部分　教材建设

第一章　职业教育教材建设改革背景⋯⋯⋯⋯⋯⋯⋯⋯⋯⋯⋯⋯⋯⋯ 093
　　第一节　**我国职业教育教材现状**⋯⋯⋯⋯⋯⋯⋯⋯⋯⋯⋯⋯⋯⋯ 093
　　　　一、传统教材的内容陈旧⋯⋯⋯⋯⋯⋯⋯⋯⋯⋯⋯⋯⋯⋯⋯ 093
　　　　二、传统教材的教学形式单一，与实训脱节⋯⋯⋯⋯⋯⋯⋯⋯ 094
　　　　三、传统教材定位不清，缺乏职业特色⋯⋯⋯⋯⋯⋯⋯⋯⋯⋯ 094
　　　　四、编写的作者队伍单一⋯⋯⋯⋯⋯⋯⋯⋯⋯⋯⋯⋯⋯⋯⋯ 094
　　　　五、学生使用未收到预期效果⋯⋯⋯⋯⋯⋯⋯⋯⋯⋯⋯⋯⋯ 094
　　第二节　**校企合作开发教材的迫切性**⋯⋯⋯⋯⋯⋯⋯⋯⋯⋯⋯⋯ 095
　　　　一、职业教育改革与发展的要求⋯⋯⋯⋯⋯⋯⋯⋯⋯⋯⋯⋯ 095
　　　　二、职业教育学历教育与培训的需求⋯⋯⋯⋯⋯⋯⋯⋯⋯⋯ 097
　　第三节　**职业教育教材建设的原则与要求**⋯⋯⋯⋯⋯⋯⋯⋯⋯⋯ 097
　　　　一、编写原则⋯⋯⋯⋯⋯⋯⋯⋯⋯⋯⋯⋯⋯⋯⋯⋯⋯⋯⋯ 097
　　　　二、编写要求⋯⋯⋯⋯⋯⋯⋯⋯⋯⋯⋯⋯⋯⋯⋯⋯⋯⋯⋯ 101

第二章　教材编写步骤与方法⋯⋯⋯⋯⋯⋯⋯⋯⋯⋯⋯⋯⋯⋯⋯⋯⋯ 105
　　第一节　**教材出版立项**⋯⋯⋯⋯⋯⋯⋯⋯⋯⋯⋯⋯⋯⋯⋯⋯⋯ 105
　　　　一、出版立项流程⋯⋯⋯⋯⋯⋯⋯⋯⋯⋯⋯⋯⋯⋯⋯⋯⋯ 106
　　　　二、保证图书品质和价值⋯⋯⋯⋯⋯⋯⋯⋯⋯⋯⋯⋯⋯⋯⋯ 107
　　第二节　**新型教材的结构及特点**⋯⋯⋯⋯⋯⋯⋯⋯⋯⋯⋯⋯⋯⋯ 108
　　　　一、新型教材的结构⋯⋯⋯⋯⋯⋯⋯⋯⋯⋯⋯⋯⋯⋯⋯⋯⋯ 108
　　　　二、新型教材的特点⋯⋯⋯⋯⋯⋯⋯⋯⋯⋯⋯⋯⋯⋯⋯⋯⋯ 111

第三节　教材开发团队组建 ... 115
一、团队构成 ... 115
二、团队组建 ... 116

第四节　教材编写的基本步骤与方法 ... 119
一、统一思想 ... 119
二、明确定位 ... 121
三、组织编写 ... 124

第五节　统稿审稿与出版 ... 126
一、统稿审稿 ... 126
二、主审审稿 ... 127
三、交稿 ... 128
四、出版印制流程 ... 128

第三部分　课程及教材开发案例

第一章　课程开发案例 ... 135
一、调研案例 ... 135
二、职业能力分析案例 ... 137
三、课程转换案例 ... 141

第二章　教材编写案例 ... 147
一、教材编写准备 ... 147
二、教材编写体例和样章 ... 149

第一部分 课程开发

第一章
课程开发背景

我国职业教育与普通教育是两种不同的教育类型,具有同等重要地位。自改革开放以来,职业教育为我国经济与社会发展提供了有力的人才和智力支撑,现代职业教育体系框架已全面建成,服务经济与社会发展的能力和社会吸引力不断增强,具备了基本实现现代化的诸多有利条件和良好工作基础。随着我国进入新的发展阶段,产业升级和经济结构调整不断加快,各行各业对技术技能人才的需求越来越紧迫,职业教育的重要地位和作用越来越凸显。与发达国家相比,我国职业教育的系统研究相对滞后。如何使用科学的系统方法来建设职业教育的专业课程体系、解析什么是职业教育课程、定义职业教育课程的基本内涵等一系列问题应该被深入研究。

第一节 我国职业教育课程开发模式现状

一、理论研究与教育实践相脱节

许多学者对国外不同类型的职业教育课程作了系统性研究,也纷纷著书立说,然而这些理论成果常常因为语言差异而晦涩难懂,加上中国职业教育的历史成因、专业设置、专业课程体系、教育体系与运行环境的特殊性与复杂性等原因,最终导致很多国外职业教育理论成果以先进理念方式进入职业院校,也仅仅停留在理念层面,与实际操作脱离。

中国人的"学""习"观和"知行合一"的理念是高度凝练的教育智慧。在宏观层面上,这些教育指导思想可以涵盖所有的教育模式;以微观的角度看,则表现为不能直接指导实践。

二、职业教育与普通教育的类型特征未厘清

我国的职业教育脱胎于普通教育，因此目前大多数课程的划分依据是学科。学科是经过运用并得到验证后进一步发展到科学层面上形成的根据某些共性特征进行划分的知识体系。知识是人类的认识通过思考、归纳、理解、抽象而成。学科既然由知识构成，必然是抽象的，教学方法以演绎法为主，知识的考核也相对简单。

职业教育是以能力为本位，按照工作体系构建课程。工作体系即人类直接进行物品与服务设计、生产、提供和交换的体系，以及与之相关的管理体系。工作体系的课程包含工作能力、相关知识和知识迁移。相对于知识体系，有着显著差异，教学过程呈现出相对复杂性，这意味着职业教育应与普通教育有所区分，必须形成其特有的课程开发模式。

三、课程目标与专业目标相剥离

大多数从事职业教育的教师甚至很多职业院校的领导都认为，专业设置是学校的事，课程设置是专业的事，课程建设就是教师的事，职责划分很清晰。

职业院校的专业设置依据一般来自地方经济发展的支柱产业或者当地大型企业的需求。专业课程设置的方法常常是聘请当地或者区域行业企业知名人士，以会议或者问卷咨询方式，确认专业应该开哪些课程，不需要开哪些课程。需要强调的是，这些课程仍然是学科领域的。按照国家或当地教育主管部门的要求，专业负责人在专业基础课、专业技能课中确定理论与实践的比例，做好人才培养方案，然后把课程分配给教师。教师则承担相应的课程教学任务，包括制定课程教学标准或教学大纲、实施教学、评价教学效果等。专业建设与课程建设常常是根据知识体系的学科构建方式建设完成，很少有人关注专业培养目标、课程教学目标、专业目标与课程目标的关系、课程与课程之间的关系，以及课程教学标准设置的系统性、科学性及技术路径等问题。

课程开发的系统性问题应该被重视，如果忽视了专业培养目标与课程目标之间的关系，就是轻视了整体与部分之间的必然联系。

四、课程开发与教材编写被等同

从事职业教育的教师一般也来源于普通高等教育，学科式教育给职业教育教师带来了深刻烙印。

职业院校教师对课程大多理解为教材或者教学资源的总和，开发一门课程

就是编写一本教材。我们从没有见过企业人员的升职与编写教材关联在一起，倒是出版教材常常成为职业院校教师职称评审中的一个指标，所以课程与教材总是以学校教师为主体及主导。换句话说，课程与教材开发一般都是学校行为。因此，很多职业院校教师俨然把"课程教学"当成"教材教学"。

五、专业技能课程与技能操作雷同

职业课程专业技能课程应该体现职业性，而现有专业技能课程在一定程度上单纯追求"操作"能力，课程的知识性被弱化，甚至被理解成反复的实操训练，变成了技能实训，国际劳工组织开发的就业技能模块组合（modules of employable skill, MES）课程模式也存在这种明显痕迹。有些从事职业教育的人在思想观念上看低职业教育，都与上述观点有着非常密切的关系。这也导致很多人认为，现代学徒制等职业教育模式更适合理工科属性专业，而不能也不应该在所有职业教育专业尤其是文科属性专业中开展。事实上，职业教育中知识的隐性作用和迁移作用已被大家广泛认同，这也应该是划分职业工种等级的重要依据之一。

六、课程开发模式与教学模式相混淆

在职业教育领域，与课程开发及建设的相关项目主要有"精品课程""教师教学能力比赛"等。从评审指标看，主要关注课程的教学组织方式及教学方法等教学模式的改革，对整个课程开发模式显然没有形成明确且统一的指导性。

职业院校教师在课程开发与建设上也做了很多工作，如为了体现职业教育的跨界性，就拉企业人员"入伙"，拼团队一起建设课程资源；选择"工学结合"式课程改革，把学生放进企业，贴近工作岗位；为了呈现课程的教学效果，很多教师从课程整体设计和单元设计入手，改革教学方法和手段，拿出实验班与对照班的数据进行比较，甚至请同行或者行业企业专家评价课程建设的实效性。

总之，当前职业教育的课程，无论教师用什么方法去组织、去开发、去建设，大多以学科式课程为基础，且以"当前的课程就是合理的"为基本假设。

第二节　校企合作开发课程的意义

一、职业教育课程开发模式的跨界性特征

无论是国际劳工组织开发的 MES 模式、北美的计算机辅助教育（computer

based education，CBE)、德国的双元制、澳大利亚的职业技术教育学院(technical and further education，TAFE)的课程，还是英国的商业与技术教育委员会(business & technology education，BTEC)开发的课程，所有职业教育模式都具有跨界性，既体现职业属性也体现教育属性，课程开发模式都高度统一为：专业培养目标设置→专业能力确定→课程开发→课程的教学资源建设(从"教"与"学"两个方面入手)→教学实施→教学评价。各环节密不可分，精准地指向职业教育的跨界性。

（一）专业培养目标的跨界性——以能力为本位

专业培养目标是课程教学目标的总和，且所有的培养目标落在实处应体现为各种能力，如 MES 按照工作过程的细分；CBE 的能力图表；双元制的专业能力、社会能力、方法能力、关键能力；TAFE 的关键能力与专业能力；BTEC 模式职业资格标准中所描述的能力。职业教育专业培养目标中的能力内涵都来源于行业企业。

（二）课程标准的跨界性——行业企业主导

CBE 模式是利用来自行业企业优秀代表通过职业教育课程(developing a curriculum，DACUM)方法制订能力图表；双元制模式由全国行业协会为主和其他利益代表组成的职业资格命题考核专家，来体现生产实际需求；TAFE 由国家行业培训咨询机构确定；BTEC 则是行业指导机构确定职业资格标准。可见，没有一个职业教育模式能由职业院校单方面建设完成。

（三）教学过程的跨界性——以标准为依据

课程的教学，包含课程内容的选择、教学资源建设、教学实施及教学评价要求应完全围绕课程目标，严格执行课程标准。因此课程目标与标准来源于行业企业的岗位工作，确保课程教学的跨界性。

（四）评价方式的跨界性——双重考核指标

职业教育的课程教学评价也应该是跨界的，或者说是双重的，除了学习任务的完成度作为考核依据，还应该以行业企业需求、岗位工作任务为考核目标。

二、课程开发模式的主要内涵

任何一种发达国家的职业教育开发课程模式，都经历了几十年甚至上百年的历史积淀。我国职业教育课程理论研究起步于20世纪80年代末，虽然进行了近30年，但这些研究成果在实践中的应用其实非常有限，传统职业教育专业课程基本上是从普通教育中借鉴的思想而编制的，我国尚未形成符合职业教育特点的职业教育课程开发模式。

笔者认为,职业教育课程开发模式应包含3个关键的内涵,即真实的逻辑起点、科学的技术路线、精准的教育表达。真实的逻辑起点是指课程目标应全部来源于行业企业,又可以被行业企业的实际工作验证;课程目标是专业教学目标的有机组成,两者不可分割;科学的技术路线是指课程开发模式,应该具有很强的可操作性及可复制性。精准的教育表达是指教育语言的准确运用,且能被教育教学人员所理解与执行。

三、行业及行业协会是职业教育的跨界载体

当前发达的职业教育模式依赖的主要对象都是行业及行业协会。

在北美的CBE模式中,社区学院每个专业都有一个专业顾问委员会,对学院的专业设置、培养目标、教育教学内容和教学方式提出建议或方案,也需要根据毕业生的实际工作情况,特别是职业素养、职业能力等向学校反馈。

德国各行业协会的职责是根据行业发展需求制定培养目标、提出可以提供的条件、拟订考核办法和考试评价标准,并与学校合作完成职业院校学生的培养。职业院校成立了技术专业委员会,委员会由专业领域的专家学者构成,研究审定教学计划、教学大纲和教材。

澳大利亚TAFE的董事会主席和绝大多数成员是来自企业一线的资深行业专家,对办学规模、基建计划、教学产品开发、人事安排等进行研究并决策。

英国BTEC模式中的职业教育是以职业资格证书的推动而开展的,行业主导机构需要在国家职业资格标准框架指导下,制订各行业领域的国家职业资格标准。

四、校企合作是我国职业教育课程开发的必然选择

行业协会是独立于政府、行业企业之外的第三方社会组织,有较强的自主性和服务性,是同行业各企业在自愿基础上为增进该行业企业的共同利益及维护合法权益,依法组织起来的非营利性、自律性的社会团体。我国行业协会尽管发展多年,但大多数依附于政府,由于没有行业协会专门的法律法规体系,呈现出发展不平衡、运行机制不独立、内部管理机制不健全、缺乏经费等特征。这些问题导致我国行业协会在行业企业号召力不够,在教育领域很难发挥其作用。

职业教育的专业课程既然是依据工作体系的,其开发模式必然要呈现跨界

属性。在我国职业教育领域,一方面行业及行业协会还未能完全发挥作用;另一方面,如果学校单方面承担起课程开发的责任,开发出来的课程很难符合行业企业的需求。因此,校企合作作为职业教育课程开发模式运行的必要途径,就必然会存在一段较长的时期。当然,企业与企业专家的选择是课程开发成败的关键。

第三节 课程开发的原则与要求

一、课程开发的原则

(一) 基本原则

任何一个职业教育模式都要解决"为谁培养人?""培养什么人?""怎么培养人?"三大问题。首要原则是坚持立德树人,促进学生全面发展。遵循职业教育规律和学生身心发展规律,把培育和践行社会主义核心价值观融入教育教学全过程,着力培养学生的职业道德、职业精神和创新创业能力。

(二) 系统性原则

课程教学目标与专业培养目标不可分割,既符合整体与部分的关系,又相对独立。

清远职业技术学院曾在2009~2015年进行了全校性的基于工作过程的课程项目化改革,参照戴士弘教授的"6+2"原则,通过近6年探索,撰写和出版了《基于工作过程的项目化课程设计案例集》,发现基于工作能力的教学设计,对于思想政治、理、工、农、医、文科类课程普遍适用。但是也存在一个问题:以知识体系为中心的专业课程体系,很难经得住基于工作能力的课程设计的考验。尤其是专业基础课及与之密切相关的专业技能课,因支撑的岗位工作内容基本一致,所以教学内容会出现明显重叠。总之,直接对学科式课程进行改造是不完整、不彻底的职业教育课程模式。

通过实际调研,也有职业院校按照德国的课程构建方法——基于工作过程系统化去开发课程。但我国专业设置方式与德国显著不同,一个专业常常会对应多个相关的就业岗位(群),也会出现一门课程或者相同的教学内容会支撑多个岗位工作。所以,不是所有的先进课程开发模式都可以按"拿来主义"直接使用。

(三) 标准引领原则

当前职业划分不断细化,加上产业升级的原因,职业教育新专业层出不穷。

同时,我国地域辽阔,各地产业发展都呈现区域特征。国家教育部颁布的《职业教育专业教学标准》没有覆盖所有职业教育专业;在发布的专业教学标准中对课程的能力要求并未细分,即没有明确的课程教学标准,并且课程开发没有统一的技术路线和科学方法。因此,职业院校开办专业,校企合作开发与区域产业相匹配、与专业培养目标相适应的课程教学标准,并按标准开展课程教学是必要的。

二、课程开发的要求

(一)就业导向,明确目标及规格

按照职业分类和技术等级,而不是学科分类,用科学的技术路线来确定专业培养目标与规格。对接最新职业标准、岗位规范,以岗位(群)工作过程和职业能力为基础构建专业课程体系,提升学生职业技术技能水平与知识运用及迁移能力。

(二)工学结合,注重"教""学"合一

按照课程教学标准,选取教学内容;采用以工作过程为导向的职业教育教学模式,注重"做中学、做中教";重视理论实践一体化教学,强调实训实习等教学环节,促进学以致用。通过校企合作,而不是专业教学指导委员会开展《标准》修(制)订工作。

(三)实时更新,突出产业发展趋势

对接具有中、高端发展水平的产业发展方向,遵循教学规律,借鉴国外先进经验,推动模块化课程模式。各职业院校应定期修订相关标准及人才培养方案,更新课程资源。

第四节 课程开发的基本流程

课程可以理解为教学内容,包含三要素,即知识、技能和态度。职业教育的课程也应该符合这一概念。现代课程理论的重要奠基者泰勒在出版的《课程与教学的基本原理》一书中指出,开发任何课程和教学计划都必须回答4个基本问题:第一,What educational purposes should the school seek to attain(学校应该达到什么教育目标);第二,What educational experience can be provided that are likely to attain these purposes(提供什么教育经验可能达到这些目标);第三,How can these educational experience be effectively organized(怎样有效组

织这些教育经验);第四,How can we determine whether these purposes are being attained(我们如何确定这些目标正在实现)。

也就是说,课程或教学计划开发需要解决4个基本问题:教学目标、教学内容、教学实施和教学评价。不难看出,目标、内容、实施和评价4个基本问题存在明显的先后逻辑关系,可以说就是课程开发的4个环节。

我国职业教育课程开发主体是职业院校,专业设置、专业课程体系及课程之间存在相对割裂的关系。如果要完成课程开发,应按照以下基本流程开展。

一、确定课程目标

课程目标是课程设置的根本问题,课程目标与专业教学目标应该统一。换句话说,专业人才培养目标与规格要在课程目标中体现。

(一)课程目标的来源

职业教育为行业企业培养人。从一个方面看,如果课程目标由学校提供,显然行业企业不会认同,课程目标由行业企业提供,才能满足育人目标;从另一个方面看,撰写课程目标需要规范的教育教学语言,学校方的加入就成为必要前提。总之,以行业企业为主导,校企双方在有效沟通前提下合作才是课程开发的正确启动方式。

(二)课程目标的表现形式与内容

课程目标体现为文本,有两种表现形式:一种是教学大纲,另一种是课程教学标准。前者告诉老师要教什么,后者告诉学生要学到什么程度。相比较而言,教师可以在课程教学标准中推演出课程教学内容,所以课程教学标准对于"教"与"学"的双方都有应用价值。笔者推荐以课程教学标准方式体现课程目标。

按照课程的三要素,即课程应包含知识、技能和态度三要素,所以课程教学标准中应该展示相应的知识目标、能力目标、素质目标。

二、选择课程教学内容

课程教学内容应包含知识、技能和态度,故决定课程不可能只包含知识体系。职业教育课程教学内容只能有两种呈现方式:一是工作体系导向的独立结构,可以工作项目或任务作为载体;二是工作体系与知识体系混合式结构。要组织课程教学,必然要选择课程教学内容的呈现方式,如教材、工作指导书、培训包等。职业教育课程教学内容的选择,既要符合认知规律,让学生达到知识学习与迁移的目的,也要帮助学生获得工作技能;随着职业教育体系的不断完善,还要满足学生继续发展提升的需求。

三、组织课程教学

一旦确定了课程教学内容及呈现方式,对应的课程性质及教学组织方式就可以相应确定。如果是工作过程导向的独立式课程教学内容,课程相应划分为学校课程、企业课程;如果课程是混合式教学内容,应该由校企双方合作完成教学。

教学组织当然还包含课程的衔接、师资安排、教学环境等相关内容。

四、实施教学评价

(一)教学评价的整体性原则

课程的教学评价依据是课程教学目标。教学目标的执行过程,即教学内容选择、教学组织等中间过程也应该是评价的有机组成部分。

(二)职业教育课程评价的开放性

职业教育课程评价的开放性是指教育教学评价不应该由教学方独立完成。职业教育既然是为行业企业培养人才,最终评价主体应该是行业企业,主要表现为用人单位评价和社会评价。

(三)教学评价结果的应用

职业教育的专业课程体系从目标设置上看是统一的。教学评价结果的应用,表现在两个方面:其一,如果某一课程教学未达成目标,后续相关课程的教学目标可以及时更新,保证专业教学目标和人才培养规格的实现;换个角度看,也可以帮助优化课程教学。课程的教学重点与难点不应该由教师确定,教学重点是根据行业企业应用频率来确定,教学难点则是教学过程中学生遇到的认知困境或工作障碍。其二,课程体系整体目标如果达成了,说明课程体系设置方法、路径是合理的,即使专业要面临技术升级和产业转型,之前使用的方法、路径都是有效的;如未能达成,应该修正课程体系的构建方法或路径。

参考文献

[1] 徐国庆.职业教育国家专业教学标准开发:理论与方法.上海:华东师范大学出版社,2018.

[2] 邓泽民,张扬群.现代四大职教模式.第二版.北京:中国铁道出版社,2011.

[3] 徐国庆.职业教育课程论.第二版.上海:华东师范大学出版社,2015.

［4］刘智标.行业协会与政府良性合作关系的构建.中山大学硕士学位论文,2009.
［5］戴士弘.职业教育课程教学改革.北京:清华大学出版社,2007.
［6］赵鹏飞.基于工作过程的项目化课程设计案例集.广州:广东高等教育出版社,2015.

第二章

职业能力分析方法

第一节 职业能力及分析方法概述

《国家职业教育改革实施方案》明确指出,职业教育与普通教育是两种不同的教育类型。作为一种职业导向的教育类型,从目标任务指向就与普通教育有着本质区别,职业教育的目标任务指向是培养高素质劳动者和技术技能人才。这些人才不仅具有可持续发展的文化知识和基本素质,还应具备从事某种职业所必需的知识、技能和素养,即职业能力,因此,职业能力是职业教育专业建设、课程开发、资源建设的重要依据。

一、职业能力的内涵

(一) 能力

1. **定义** 能力通常是指完成活动的本领,包括完成一定活动的具体方式,以及顺利完成一定活动所必需的心理特征。例如,从事音乐活动者,既须掌握歌唱、演奏等具体活动方式,又须形成曲调感、节奏感、音乐听觉表象等心理特征。

知识、技能和态度是能力构成的三要素。要完成一项活动,必须具备相应的知识,掌握相应的技能,具备相应的素养即态度。值得注意的是,具有了知识、技能和态度,并不表明就具备了相应的能力。知识、技能和态度不能孤立存在,因为孤立存在的任何一个要素都形成不了能力,三者必须结构化,才能形成能力。而且,各要素的水平高低及相互结构化的程度,也决定着能力的高低。

2. **特征**

(1) 内隐性:能力是一种内化的个体品质。就静态而言,能力看不见,摸不着,但它又是客观存在的,能够直接影响活动的效率和确保活动顺利进行。根据美国著名心理学家麦克利兰1973年提出的"冰山模型理论"(图1-2-1),将个体素质的不同表现形式划分为表面的"冰山以上部分"和深藏的"冰山以下部分"。"冰山以上部分"包括基本知识、基本技能,是外在表现,是容易了解与测量的部分,相对而言也比较容易通过培训来改变和发展。而"冰山以下部分"包括角色定位、价值观、自我认知、特质和动机,是人内在的难以测量的部分。这部分不太容易通过外界的影响而发生改变,但对人的行为与表现却起着关键性的作用。

▲ 图1-2-1 素质体系的冰山模型

(2) 外显性:能力能够在相关的活动中得到外化,它是可以外显的。在具体的活动中(如工作中),能力是才智、知识、技能和态度的综合体现。可见,活动作为能力外显的重要载体,不仅可以表现"冰山"上面的知识和技能,重要的是将掩盖在"冰山"下面的态度、情感、价值观等表现出来。因此,活动是测量能力高低和能力培养提升的重要手段。

(二) 职业能力

1. **定义** 关于职业能力目前还没有一个公认的定义。按照能力本应教育(CBE)理论,能力是完成一定职业任务的知识、技能和态度。必须注意的是,这一定义仅是强调能力形成过程中需要的要素条件,并不是知识、技能、态度的相加或叠加就等于能力的形成,这些要素本身并不是能力本身。

按照德国职业教育的定义,职业能力是个体从事一种或若干种相近职业所必备的本领,是在职业工作、社会和私人情境中科学的思维,是对个人和社会负责任行事的热情和能力,是科学的工作和学习方法的基础。职业能力分为专业能力、方法能力和社会能力3个部分。

英国强调"就业能力"的培养。所谓"就业能力",是使个人能够与劳动力市场"协商",并且能够保护工作的知识、技能和能力。"就业能力"不仅指技术或职业技能,还包括"软技能",如创业、调查、解决问题、小组合作,以及信息与通信技术、交流技能、外语能力和计算能力等。

在 1999 年颁发的《关于制定中等职业学校专业目录的通知》(教职成司〔1999〕34 号)中使用了"综合职业能力"的提法,由此职业能力被明确为我国职业教育培养目标的重要组成部分。随着对职业能力内涵理解的深入,逐渐过渡为"职业能力"。

2. 特征

(1) 应用性:职业能力与职业紧密联系,离开了职业,职业能力就不存在。职业是个人在社会中所从事的工作,职业能力高低是决定职业活动即工作能否顺利进行的重要因素;反之,职业活动是职业能力能否得以体现的重要载体。

(2) 差异性:在实际工作中,不同的人从事同一工作表现出的职业能力是不同的,不同的工作对职业能力的要求也是不一样的,这是由于个体差异和工作内容的差异所导致的。

(3) 综合性:职业能力是多层次、多元素的复合体。随着经济的发展、技术的进步,以及企业管理的扁平化,呆板、单一的技术技能很难满足企业的需要。事实证明,复合型人才最受用人单位的欢迎。

(4) 动态性:一是随着社会的发展和科技的进步,职业能力的内容处于不断地发展和变化之中。由于生产力的提高,当人类开辟了新的生产领域时,新的能力也就随之产生,或是旧的能力也获得新的内容。二是人一生的职业岗位不可能一成不变。岗位的变化,其对个体的能力要求也随之迁徙,而且能力水平也在不断提高,处于一种不断发展、不断扩张的变化之中。

3. 启示 以职业能力培养为目标的职业教育,从能力及职业能力的内涵特征带来以下 3 点启示。

(1) 注意能力内隐性和外显性。需要以职业活动为载体,将"冰山"上下的能力外化,以职业活动为载体开展教育教学活动;在实现职业能力培养的同时,以职业活动为载体考核评价能力的达成度。

(2) 注意职业能力的差异性与教育的统一性之间的矛盾,重在依循职业能力标准开展职业教育与育人活动。

(3) 注意分析职业能力的结构和层次,从而有序地开展职业能力分析,基于职业能力分级对不同层级的职业教育人才进行培养。

二、职业能力分析方法

职业能力是职业教育育人目标和教育教学活动的根本依循。开展职业能力分析是职业教育专业建设、课程开发的重要环节,而采取什么方法科学地分析职业能力至关重要。

(一)国外职业分析方法概述

1. 北美的 DACUM 分析法　20 世纪 60 年代末,为了解决职业学校培养的学生和企业人才要求之间的"巨大距离",加拿大区域经济发展部实验项目分部(The Experimental Projects Branch of the Canada Department of Regional Economic Expansion)和纽约学习通用公司(The General Learning Corporation of New York)通过研究,形成了一种职业教育课程开发方法(develop a curriculum,DACUM 分析法),旨在缩短学校和企业间的"巨大距离"。

2. 德国的 BAG 分析法　BAG 德文的意思是"典型职业工作任务分析法"(berufliche arbeitsaufgaben)的缩写,源自德国的学习领域课程开发,包括分析职业工作过程、了解职业教育条件、确定行动领域、描述职业行动领域、评价选择行动领域、转换配置学习领域、扩展描述学习领域、扩展表述学习情境等 8 个基本步骤,其中前 5 项都是职业分析的内容。BAG 课程开发方法是德国布来梅大学技术与教育研究所(ITB)在一个由大众汽车公司全部德国工厂 4 500 名培训生和 1 970 名专兼职教师参与的典型试验中开发出来的,是 DACUM 分析法的发展,它们的基础都是工作分析和专家座谈会,为职业教育课程开发者在进行工作分析时提供的一个简单易行的工具。运用这种方法,可以直接获得关于特定职业的工作特点与工作要求的具体数据。

3. 澳大利亚培训包技术领域法(training package)　澳大利亚的职业能力分析重在为终身教育体系提供所要求的课程体系,与北美和德国有所不同,其不再针对一个具体的专业或者一个具体的培训职业,而是针对一个个技术领域,如信息技术领域。职业分析的主持机构是澳大利亚国家及州(领地级)的行业培训顾问机构,这个机构主持制定行业的能力标准。例如,澳大利亚国家培训局委托信息技术与电信行业培训顾问机构制定与实施信息技术领域的职业分析和能力标准。而且,由信息技术与电信行业培训顾问机构组建国家信息技术系统能力标准和培训包项目决策委员会,并授权其选定职业分析和培训包开发的机构和人员。

4. 英国的功能分析法(functional analysis)　英国职业教育的课程开发坚

持运用实用客观的理性主义开发方法,从职业的逻辑起点出发,把职业岗位需求作为课程开发的基础,从职业世界向教育内部辐射。英国有 25 个行业技能委员会(SSCs),负责开发和维护或开发本委员会所覆盖的行业或部门的国家职业标准。英国国家职业标准以雇主为导向,反映雇主和其他利益相关者的需求,所描述的是个人在工作领域所要求的能力。开发职业资格标准需进行职业分析,主要运用功能分析法。功能分析是用来界定职业性质及其功能的主要工具,它是确定职业能力并设置不同职业间界限的必要过程。功能分析法是用来分析事物或现象的结构和功能的方法。它以产出或结果为主,注重功能而非过程。通常从职业最顶层的大目标出发,逐层确立中目标、小目标(或称单元/要素),然后根据达到目标(完成职业单元、职业要素)所需的知识、技能以及其他相关能力的要求,确立标准的范围、内容和程度。

(二)国外职业分析方法的启示

1. **确定职业能力分析的主体** 不同的职业能力分析方法对分析主体有不同的称谓,如行业企业专家、企业实践专家、优秀工作人员、雇主、技术人员等。尽管称谓不同,但其共同点是职业能力必须源于行业企业对人才要求的客观反映,而不是职业教育教师自我的主观臆断。由教师自行表述的职业能力,由于结构及内容与客观实际有较大距离,导致课程与工作及职业要求差距较大,这是目前职业教育专业建设中较突出的问题,必须克服。

2. **描述职业能力** 能力是直接影响活动的效率和使活动顺利进行的个性心理特征,它虽然是一种内化的个体品质,但能够在相关的职业活动中得到外化,是在现实的职业工作中体现出来的知识、技能和态度的整合。各种职业能力分析法都是通过职业活动这一能力外化的载体来描述职业能力,并运用职业能力图表反映。各种职业能力分析法的图表结构略有不同,如 DACUM 分析法的职业能力图表包括岗位名称、能力领域、单项能力和能力评定等级 4 项内容;功能分析法的职业能力图表由主要目标、主要功能、可能的标准组成;BAG 分析法的职业能力图表由发展阶段、代表性工作任务及其对象、工具、方法、组织、要求组成;技术领域分析的职业能力图表由技术领域、能力领域、能力单元、能力要素、行为标准构成。实践表明,对职业岗位的现状分析表达得越细,其操作性就越强。尤其是在课程标准及课程内容开发时,清晰细致的能力描述则会使课程的结构变得更加清晰,课程评估的内容也会更加明确。在专业建设中,各职业院校应避免对职业能力简单粗化的描述。

3. **获得职业能力** 一般有头脑风暴法、查阅资料、咨询专家和参观企业等获取职业能力的方法。其中,召开职业能力分析会是重要途径。通过职业能力分析会确定职业能力的基本结构框架,再通过文献法、咨询法等手段不断丰富职业能力,这样获得的职业能力更为准确、更为完整。

职业能力分析是职业分析的核心内容,国外职业分析的目的在于找到从事该职业工作所需要的基本要求或能力表现。因此,国外职业分析方法是我国职业能力分析方法的重要借鉴。

三、职业教育课程开发路径

(一) 课程开发基本流程

职业教育课程开发的基本流程如图1-2-2所示,主要包括供需调研、职业能力分析、课程体系构建、标准制定、课程内容开发、课程实施与评价6个关键环节。

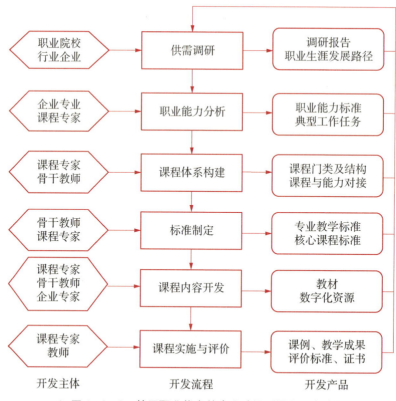

▲ 图1-2-2 基于职业能力的专业建设及课程开发路径

（二）课程开发关键环节

1. **供需调研** 调查专业的需求和供给情况，包括行业发展、岗位变化、人才需求、能力素质要求、资格证书要求等需求情况，以及中职学校专业设置、目标规格、规模结构、教师配备、课程开设、教学实施、质量评价等方面供给情况。通过供需综合分析，明确专业的就业领域、目标岗位群，以及知识、能力、素质要求等相关内容。

2. **职业能力分析** 依托行业企业调研，利用大数据信息技术，召开实践专家研讨会，运用国内外主要的工作任务与职业能力分析方法，针对专业目标岗位群和职业发展路径，确定岗位（群）的主要工作领域，分析典型工作任务，对接国家最新职业标准，明确职业能力素质要求，形成工作任务与职业能力分析表。

3. **课程体系构建** 以供需调研为基础，以工作任务与职业能力分析为重要依据，遵循技术技能人才成长规律，以学生职业能力形成为主线，将典型工作任务和能力要求转化为专业课程和教学内容，明确专业课程与任务能力之间的对应关系，构建专业课程体系。

4. **标准制定** 根据国家有关政策要求，遵循职业教育规律和学生身心发展规律，基于前3个环节，明确专业定位、办学条件、课程体系、教学实施、质量评价、学业要求等专业设置的关键内容和要求，以及专业核心课程设置的性质目标、内容要求、课程实施等内容，按照专业教学标准和课程标准的编写框架，完成标准文本的编制工作。

5. **课程内容开发** 依据课程标准，以骨干教师为主体，联合行业企业专家，开发课程内容，包括编写课程教材和数字化课程资源，为组织教学做准备。课程内容开发的依据和基础是职业能力分析和课程标准，将该专业所对应的典型工作任务转化为学习的任务，构建多种形态的职业教育课程类型，如项目课程、任务引领型课程、学习领域课程、技能训练课程、综合实践课程，也包括学科课程等。

6. **课程实施与评价** 职业教育课程实施是指职业教育教师组织利用课程教材及资源，运用多种多样的教学方式方法，组织教学活动，促进学生的进步和发展，实现职业能力的培养。课程实施的方式方法是多种多样的，其基本原则是：行动导向，"做中学、做中教"，以学生为主体，课堂和实践场所是课程实施的主要阵地。课程实施过程中要对教学任务进行过程性评价和终结性评价，即课程评价。而职业教育课程评价最重要的特征是基于职业能力标准，即依据职业能力标准建立评价标准，从而有效地检验目标的达成程度。

综上所述，职业能力分析是职业教育课程开发的关键环节。目前，常用的职业能力分析方法，在国际上，有北美的 DACUM 分析法、德国的 BAG 分析法、澳大利亚的技术领域分析法、英国功能分析法、世界银行推出的职业和能力分类系统等。在国内区域或行业典型方法，有上海的职业能力分析法、广东的"二维四步五解"职业能力分析法、北京的 PGSD 能力分析模型等。

第二节　"二维四步五解"职业能力分析法

"二维四步五解"职业能力分析法是一套规范、操作性强、行之有效、本土化的职业能力分析方法，是广东省教育研究院杜怡萍研究员借鉴国内外职业能力分析法的基本思想，结合职业教育标准研制的具体要求，总结提炼的一种职业能力分析方法。该分析方法历经 10 年，在 50 多个中高职专业的上百场职业能力分析会上进行实践，其思想、内容、步骤、要领日益清晰，最终得以定型。本节重点介绍"二维四步五解"职业能力分析法的基本内涵、分析工具和分析要求。

一、"二维四步五解"分析法的基本内涵

（一）基本概念

"二维四步五解"职业能力分析法从专业能力和职业素养两个维度入手，通过 4 个步骤对职业能力进行分析，即专业对接职业岗位、职业岗位细分为工作项目、工作项目细分为工作任务、工作任务细分为职业能力，并从完成工作任务应具备的技能、工具、方法、要求、知识 5 个方面解析职业能力的方法。该方法基于职业能力内隐的特征，以职业活动为载体，借助职业活动的工作项目、工作任务来描述职业能力，并进行结构化呈现。职业活动是对企业从业者实际工作内容的提炼和概括。

（二）内容结构

"二维四步五解"职业能力分析法的内容结构如图 1-2-3 所示。

1. **"二维"**　是职业能力分析的两个维度，即从专业能力和职业素养两个维度表述职业能力。

（1）专业能力：是人们从事一门或若干相近职业所必备的本领，包括能力构成中的技能和知识要素，是人们赖以生存的能力。例如，一名会计人员"能够做账"，就是指其具有专业能力。

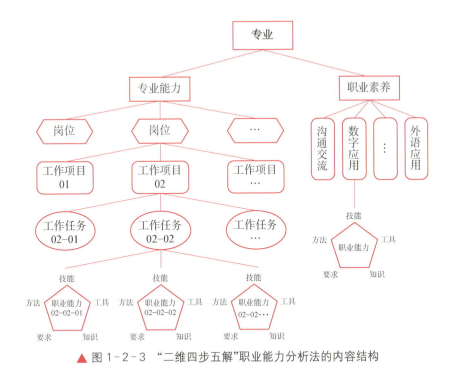

▲ 图 1-2-3 "二维四步五解"职业能力分析法的内容结构

（2）职业素养：是能力构成中的态度要素，与纯粹的职业技能和知识无直接关系。当劳动组织发生变化或者当职业发生变更的时候，这种能力依然存在，并可以促进人们能重新获得新的知识和新的技能。例如，"严谨认真的工作作风"不仅是一名会计人员的素养要求，而且这一素养也促进会计人员不断发展，更好地适应新的岗位要求。在职业能力分析过程中先分析专业能力，最后分析各岗位共同的职业素养。

如图 1-2-4 所示，从内涵上看，"二维"的职业能力分类实质上与德国对职业能力的分类（专业能力、方法能力、社会能力）及能力构成的三要素（知识、技能、态度）是一致的。

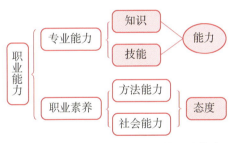

▲ 图 1-2-4 职业能力分析的两个维度

2."四步"

(1)职业能力的分析:分为4个步骤(图1-2-5)。

▲ 图1-2-5 职业能力分析的4个步骤

第一步:确定专业所对应的职业岗位,一般一个专业对应4~6个职业岗位。

第二步:每个职业岗位的工作领域分解为若干个工作项目,一般每个岗位有5个左右工作项目。

第三步:将每个工作项目按其工作步骤或内容事项细分为若干工作任务,一般每个工作项目分为5个左右工作任务。

第四步:确定完成某一任务的需具备的具体职业能力点。

(2)职业素养的分析:由于职业素养是各岗位通用的能力,因此职业素养的分析只需两个步骤。

第一步:确定职业素养分类。借鉴各国对职业素养的不同表述,如德国所指的是关键能力,英国所指的是核心技能或软技能,从沟通交流、数字应用、革新创新、自主学习、团队合作、解决问题、信息处理、责任(安全)意识、外语应用、其他10个方面细化职业素养。

第二步:对每个职业素养在具体工作中的表现和要求进一步细化为职业能力点。

3."五解" 是指从5个方面解析完成工作任务以及达到职业素养需要具备的职业能力点。针对需要完成的工作任务或要达到的素质要求,从需要具备的技能、需要使用的工具、能运用的方法、应注意的工作要求以及需要具备的理论知识5个方面来分解分析职业能力(图1-2-6)。一般应采取动宾结构的简短用语来表达职业能力,如"能准确计算金额""能填写投诉处理报告""使用高压水枪清洁全车外部大块泥沙""知道一般打蜡器材功用及操作守则""能及时准确传达客户要求到相关部门",等等。

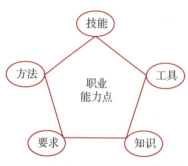

▲ 图1-2-6 职业能力解析的5个方面

第二章 职业能力分析方法

二、职业能力分析的工具

(一)岗位职业能力分析表

根据"二维四步五解"分析法的内涵,设计了分级式职业能力分析表(表1-2-1)。该表体现了"二维四步五解"的专业能力和职业素养两个维度,体现了岗位、工作项目、工作任务、职业能力4个步骤,还体现了职业能力的技能、工具、方法、要求、知识5个方面的解析。

表 1-2-1 某岗位职业能力分析表

工作项目/ 职业素养	项目 评定	工作任务/职业 素养分类	职业能力 (技能、工具、方法、 要求、知识)	能力水平 (打"√")	
				高	中
工作项目					
……					
职业素养(通用 能力、核心技 能、关键能力)		沟通交流			
		数字应用			

023

续　表

工作项目/ 职业素养	项目 评定	工作任务/职业 素养分类	职业能力 (技能、工具、方法、 要求、知识)	能力水平 (打"√")	
				高	中
		革新创新			
		自主学习			
		团队合作			
		解决问题			
		信息处理			
		责任(安全)意识			
		外语应用			
		其他			

　　在表1-2-1中,"工作项目"是指将职业群或岗位群所涉及的职业活动,按工作性质、流程或要求分解而形成若干工作范畴、范围或领域。一个工作项目应包含完整的工作过程,具有整体性、独立性的特点。"工作任务"是指某一工作项目的活动环节或事项,是完整工作的一部分,具有稳定性、普遍性的特点。"职业能力(点)"是完成某一工作任务应具备的能力要求,主要从完成这一工作任务所需要的技能、工具、方法、要求、知识5方面来剖析。"项目评定"是对该岗位工作人员完成每个工作项目的程度要求进行评级,共分为1~6级,由低到高完成程度要求越来越高,等级划分见表1-2-2。此外,表1-2-1中的"能力水平"分为"高"和"中"两列,按照职业能力点在工作中出现的频率高低或重要性程度打"√",若某一职业能力点在工作中出现的频率低或不重要则就在表中删除。

表 1-2-2　工作项目完成评定表

等级	评定标准
6	能高质量、高效率地完成此项任务的全部内容,并能指导他人完成
5	能高质量、高效率地完成此项任务的全部内容,并能解决遇到的问题
4	能高质量、高效率地完成此项任务的全部内容
3	能圆满完成此项任务的全部内容,不需要任何指导
2	能圆满完成此项任务的全部内容,偶尔需要帮助和指导
1	需要在现场指导下才能圆满完成此项技能的全部内容

(二)专业职业能力分析表

在完成了专业所对应的岗位职业能力分析后,需要将各岗位职业能力合并为专业职业能力分析表。表 1-2-3 是表 1-2-2 的合并和转换,同样体现了"二维四步五解"分析法的全部内涵。从表的结构上来看,表 1-2-3 与表 1-2-2 的不同体现在两个方面,一是表 1-2-3 没有了"项目评定",二是表 1-2-3 没有了"能力要求",而有了"学习水平",且"学习水平"分列为中职、高职乃至本科。"项目评定"和"能力要求"均是确定"学习水平"的重要依据,是过渡性栏目。"学习水平"是后续课程内容开发的重要参考。

表 1-2-3　某专业职业能力分析表

工作项目/职业素养	工作任务/职业素养分类	职业能力(技能、工具、方法、要求、知识)	学习水平	
			中职(L_i)	高职(L_j)
工作项目				

续　表

工作项目/ 职业素养	工作任务 /职业素养分类	职业能力 （技能、工具、方法、要求、知识）	学习水平	
			中职(Li)	高职(Lj)
……				
职业素养	沟通交流			
	数字应用			
	革新创新			
	自主学习			
	团队合作			
	解决问题			
	信息处理			
	责任(安全)意识			
	外语应用			
	其他			

(三）职业能力分析用语

1. 动宾结构的表述方式　能力是一种内化的个体品质，由于其可以在相关的职业活动中得以体现，表现为"能什么""会什么"，故国外的职业能力分析多采用对行为描述的方式来表达能力。因此，"二维四步五解"职业能力分析法也采用动宾结构来描述职业能力。其格式为"动词＋名词（对象）"的短句，且使用直接性的行为动词，如"能做什么""怎么做的""做得怎么样"，具有直观性、可测性。尽量少使用心智行为的动词，如一般不用或少用"掌握什么知识"，而采用"陈述什么知识"或"辨别什么知识"，这样提高了职业能力的可测性，使得内隐能力实现了外化。

2. 描述职业能力的输出性动词　采取动宾结构的短句描述职业能力，需要使用输出性动词，直观且便于评价。

（1）表述认知类动词

1）知道和认识类：陈述、回忆、概述、概括、匹配、界定，等等。

2）理解类：推断、解释、辨别、判断、估计、总结，等等。

3）迁移类：改变、转换、修改、发展、使用，等等。

4）应用类：区分、演绎、推理、评价，等等。

（2）表述执行类动词

1）操作类：操作、采集、配置、标定、使用、挑选，等等。

2）程序类：排序、连接、制造、调整、准备、安装，等等。

3）理会类：理会、阅读、摘录、寻找，等等。

4）解决问题类：计划、设计、排除、估算、计算、选择、布置，等等。

5）管理组织类：组织、管理、指导、协调、监控，等等。

（3）表述情感类动词

1）接受类：注意、觉察、识别、控制，等等。

2）反应类：遵守、服从、参与、愿意，等等。

3）价值类：形成、表达、展示、倾向，等等。

4）组织类：决定、限定、选择、比较，等等。

5）个性类：避免、内化、抗拒、处理，等等。

三、综合运用多种方法收集职业能力信息

开展"二维四步五解"职业能力分析法，需要多种方法的综合运用，包括头脑风暴、文献研究、案例研究、问卷调查、咨询专家等。也就是说，从多种途径获得

职业能力信息,才能丰富职业能力分析图表。

(一) 头脑风暴

召开行业专家研讨会是运用"二维四步五解"职业能力分析法获取职业能力信息的重要途径,而行业专家研讨会的召开常采用头脑风暴法。头脑风暴法是专家决策法之一,通常采取的是集体头脑风暴法。集体头脑风暴法通过专家微观智能结构之间的信息交流、互相启发,引起"思维共振",互相补充,产生组合效应,形成宏观智能结构,以创造性思维方式来获取信息。

集体头脑风暴法的运用原则:①严格限制参与对象的范围,并尽可能提供一个有助于把注意力高度集中于所论问题的环境,便于研讨问题高度集中。②创造一种自由发表见解的气氛,使参加者解除思想顾虑,以利于激发参加者的积极性。③发言力求简短精练,不需详细论述;拖长发言时间将有碍激发思维活动的进行;不允许参加者宣读事先准备好的发言稿。④认真对待和研究专家组提出的任何一种设想,而不管这种设想是否得当和可行,不能对别人的意见提出怀疑;鼓励参加者对已经提出的设想进行补充、改进和综合。

(二) 文献研究

文献研究是"二维四步五解"职业能力分析法的重要基础和补充,职业能力分析的前后都需要进行文献研究。应搜集、整理、提炼国内外专业(课程)建设及职业发展资料,如论文、论著、职业要求等,尤其要注意搜集国内外在国家层面、行业企业层面的法规文件、职(执)业资格要求、职业标准、人才标准等方面的研究成果。

(三) 案例研究

在"二维四步五解"职业能力分析中,典型案例的搜集、整理、利用是对职业能力内容的重要补充和验证,其中企业的岗位说明书、岗位招聘条件是具有重要价值的案例。为了突出案例的代表性和典型性,必须特别关注行业组织、大型企业、典型企业的岗位说明书、岗位职责的搜集和分析,这些信息既是对行业专家研讨会所形成岗位职业能力分析表的补充,也是对行业专家研讨的职业能力分析表的验证。

(四) 问卷调查或咨询专家

当初步形成某岗位职业能力分析表时,或已经有较为成熟的职业能力分析表时,可以通过问卷调查或咨询专家的方式丰富、修改、完善职业能力分析表。问卷调查是将已有的职业能力分析表制作成调查问卷,发给相关的行业企业专家,了解他们对这些能力的认同度,可采取五点量表,也可采取七点量表,如汽车维修企业"岗位任务与能力"调研问卷(售后经理、车间主任)所示(范例1-2-1),通过调查可以对职业能力点进行筛选、修改、补充,甚至可以进行推论统计分析,如聚类分析、相关分析等。咨询专家也可将已有的职业能力分析表发给行业企业的专家,征询他们的意见,请他们修改、补充、完善。

〔范例1-2-1〕

汽车维修企业"岗位任务与能力"调研问卷
(售后经理、车间主任)

尊敬的用人单位:

您好!为了解企业的岗位及工作任务需求情况,听取您对学校人才培养工作的意见和建议,推进教育教学改革,提高教育质量和办学水平,我们设计了这份调查问卷,不涉及任何商业用途。对于您填写的全部资料,我们承诺严格保密。

广东省教育厅"汽车运用技术专业中高职衔接专业
教学标准和课程标准"研制组
2019年7月

企业名称:

填卷人:　　　　　职务:　　　　　电话:

填卷时间:　　　年　　　月　　　日

1. 您已从事汽车售后服务_____年,目前从事的岗位是_____
2. 您的学历是
   A. 初中　　　　　B. 高中　　　　　C. 中专或技校　　D. 大专
   E. 本科　　　　　F. 研究生　　　　G. 其他
3. 您已获得的技能等级证书名称是_____,等级是_____
   A. 初级工　　　　B. 中级工　　　　C. 高级工　　　　D. 技师
   E. 高级技师　　　F. 其他(请补充)_____
4. 若学校组织教学班为您提高学历,您(是　否)愿意参加;为您提高技能等级证书,您(是　否)愿意参加
5. 通过了解和研究,认为目前与汽车运用和维修技术专业毕业生相关度最高的售后服务三大工作岗位是机电维修、钣金喷漆、服务顾问。如果您觉得还有其他,请列举_____
6. 表1-2-4是机电维修、钣金喷漆、服务顾问岗位典型任务描述,请根据您的

工作实际,对重要性打分(5 非常重要,4 重要,3 一般,2 不太重要,1 不重要)。若您认为还有其他任务,请补充。

表 1-2-4 机电维修、钣金喷漆、服务顾问岗位典型任务重要性调查表

岗位及任务	具体工作任务	重要性				
		5	4	3	2	1
机电维修岗位(发动机检修)	(1) 检修发动机油路、点火电路,更换故障零部件					
	(2) 检修发动机冷却系统故障,更换故障零部件					
	(3) 检修发动机润滑系统故障,更换故障零部件					
	(4) 检修发动机进气系统故障,更换故障零部件					
	(5) 检修发动机排气系统故障,更换故障零部件					
	(6) 检修启动机和发电机					
	(7) 检修涡轮增压系统故障,更换故障零部件					
	(8) 调整点火正时					
	(9) 调整气门间隙					
	(10) 更换各种皮带					
	(11) 发动机大修					
	(12) 诊断、分析发动机常见故障原因					
	(13) 诊断、分析发动机疑难故障原因					
	(14) 检查维修质量,进行路试					
	(15) 指导疑难维修工作					
	(16) 指导常见维修工作					
	……					
……						
服务顾问	(1) 前台业务接待工作,服务客户					
	(2) 承修车辆维修过程监督					
	(3) 承修车辆信息、车内物品、车况登记					
	(4) 整理与核对保险索赔文件及手续					
	(5) 听取客户陈述,请技术部共同诊断,下达工作指令,负责与客户及车间协商制定工期					

第二章 职业能力分析方法

续 表

岗位及任务	具体工作任务	重要性				
		5	4	3	2	1
	（6）需要加项或改动维修方案或发现新故障时应及时与客户联系，征求客户同意					
	（7）对检验合格的竣工车辆及时准确核算材料费、工时费及其他费用，办理结算手续					
	（8）通知结算员办理收款或保险手续，并通知车主办理交款及提车手续					
	（9）负责出厂车辆的跟踪回访					
	（10）提高服务理念和客户满意度					
	（11）处理客户投诉、客户抱怨，及时反馈信息					
	（12）接待保险理赔车辆，受理保险业务					
	……					

注：该调查问卷由广东交通职业技术学院提供。

第三节　行业专家研讨会的组织与实施

行业专家研讨会是目前各种职业能力分析方法收集职业能力信息的重要渠道，也是职业院校开展专业建设并获取行业企业人才需求信息的重要途径。这里的行业专家研讨会，是指职业院校根据各专业面向的职业岗位，邀请行业的优秀员工代表，采取头脑风暴法，以职业活动为载体，按照特定的框架结构分析与梳理各岗位职业能力的过程。

一、确定专业所面向的目标岗位

组织某专业的行业专家研讨会的前提条件是需要明确该专业面向的目标岗位有哪些？目标岗位是指专业培养人才能从事的职业岗位群，主要是由该专业毕业生的就业岗位以及行业内对相关专业毕业生的需求来确定的，即"二维四步五解"职业能力分析法"四步"的第一步，必须明确专业人才培养所面向的职业岗位群，即目标岗位。

（一）收集目标岗位信息的方法

1. 座谈　请相关企业专家按要求分别提出各自所认为的本专业毕业生相

匹配的岗位,通过对企业专家观点的汇总,清楚、明确地列出本专业可能面向的岗位。例如,召开企业专家座谈会议,收集专家对高职汽车运用技术专业毕业生的职业生涯发展的意见,并绘制出路径图(图1-2-7)。

▲ 图1-2-7　高职汽车运用技术专业毕业生职业生涯发展路径

2. **个案分析**　收集企业的岗位优秀员工的成长历程,以获得本专业所面向的职业岗位发展进程。使用的记录表格如表1-2-5。

表1-2-5　行业专家工作经历

姓名	学历情况		第一岗位		第二岗位		第三岗位		……		目前岗位	
	毕业时间	毕业院校	时间	岗位名称	时间	岗位名称	时间	岗位名称	……	……	时间	岗位名称

3. 调查统计 通过问卷调查,调查某专业先后各届的毕业生,即可以统计出该专业不同届毕业生当前所在的岗位及其比重。这样既可反映出就业岗位,又可反映不同时期的发展岗位,以及各岗位的结构比重。在针对毕业生的调查问卷中,可以设计3个选择题,如范例1-2-2所示。

〔范例1-2-2〕

毕业生岗位调查问题设计

1. 你目前的工作年限_____年
   ① 1年以下 ② 1年 ③ 2年 ④ 3年 ⑤ 4年及以上
2. 你毕业后更换过_____次工作单位
   ① 没变过 ② 变过1次 ③ 变过2次 ④ 变过3次以上
3. 目前你在单位的工作岗位是_____(以汽车运用技术专业为例)
   ① 机电工 ② 钣金工 ③ 美容喷漆工 ④ 服务顾问 ⑤ 保险理赔员
   ⑥ 保险勘验定损员 ⑦ 备件管理员 ⑧ 厂赔员 ⑨ 质检员 ⑩ 调度员
   ⑪ 工具资料管理员 ⑫ 销售 ⑬ 其他_____
   相当于_____
   ① 高层管理人员 ② 中层管理人员 ③ 基层管理人员 ④ 高级技术人员
   ⑤ 中级技术人员 ⑥ 初级技术人员 ⑦ 普通工作人员

通过对问题1和问题3的统计,就可以得出学生毕业1年、2年、3年、4年及以上年限的就业岗位分布图,也可以得出所有学生不分毕业年限的总的就业岗位分布图(图1-2-8)。

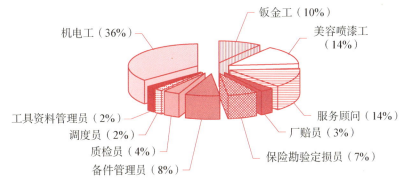

▲ 图1-2-8 高职汽车运用技术专业毕业生1~4年就业岗位的分布

如上,通过多种途径收集该专业学生的就业岗位信息,如何来确定某个学段某专业的目标岗位呢?目标岗位定位必须明确3个问题:一是不同毕业时间的就业岗位虽然相近,但会发生变化,应以毕业多少年的岗位为目标岗位?二是毕业生就业的岗位数多,专业培养应针对几个岗位?三是同一专业的中职、高职乃至本科毕业生岗位如何区分?

(二)确定目标岗位的原则

确定目标岗位时应遵守4个原则(图1-2-9):一是关联性强的原则,即选择与专业密切相关的岗位为目标岗位,关联性不强的,不应作为目标岗位;二是就业比例高的原则,目标岗位应在所有就业岗位中占有较大比例;三是3年左右的时效性原则,考虑到刚毕业的学生岗位稳定性差,以及岗位知识的更新速度快等因素,目标岗位定位的毕业时间不宜过短,也不宜过长,一般为毕业3年左右的就业岗位作为目标岗位;四是4~6个的适量性原则,一个专业对应的职业岗位一般不超过6个,以4个左右为宜,并且应采取通用的、概括性强的岗位名称。

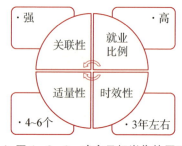

▲ 图1-2-9 确定目标岗位的原则

基于以上原则,高职汽车运用技术专业的目标岗位群为:机电维修(主要包括机电维修、钣金、喷漆美容的班组长)、服务顾问(主要包括服务顾问助理到主管、配件主管岗位)、汽车保险理赔(主要包括保险理赔助理到主管岗位)。同理,也可收集中职汽车运用与维修专业的目标岗位信息,最后归纳出目标岗位为:汽车机电维修(主要包括机电维修操作工)、备件管理(主要包括仓库保管员、配件管理员)、汽车装潢(主要包括钣金、喷漆美容操作工)。借鉴资历框架的分级思想,还可以制作汽车运用技术专业(含汽车运用与维修)的职业生涯发展路径(表1-2-6)。

表1-2-6 汽车运用技术专业职业生涯发展路径

发展阶段	就业岗位						学历层次	发展年限(年)	
	机电维修	钣金	喷漆美容	配件管理	服务顾问	保险理赔		中职	高职
Ⅵ	总经理 行业专家							8年以上	12年以上
Ⅴ	售后经理(售后总监)						高职		8~12
Ⅳ	技术经理(车间主任)			服务经理(前台主任)			高职		5~8
Ⅲ	班组长	班组长	班组长	配件主管	服务主管	保险理赔主管	高职中职	3~7	2~5
Ⅱ	机电工	钣金工	喷漆美容工	配件员	服务顾问	保险理赔员	高职中职	1~3	0.5~2
Ⅰ	学徒	学徒	学徒	仓管员	服务顾问助理	保险理赔助理	中职	0~1	0~0.5

注：(1) 不同企业因品牌、规模的不同，其岗位略有差异。本表综合了宝马、别克、丰田、日产、奥迪、奔驰、起亚、奇瑞、现代、通用、雪铁龙等品牌，较为全面地呈现了汽车运用技术专业毕业生的职业生涯发展路径。

(2) 学历层次为总体水平描述，具体应结合岗位，表中 ▢ ▢ ▨ 分别对应中职、高职和中高职重叠的岗位及层级。

二、组织行业专家研讨会

要将所明确的目标岗位进一步分解成工作项目、工作任务乃至职业能力点，需要召开行业专家研讨会。行业专家研讨会一般以一天分析4个岗位为宜。组织召开一次行业专家研讨会，包括会前准备、会中分析和会议总结3个环节。

(一) 会前准备

1. 制定行业专家研讨会工作方案 工作方案必须明确负责人、工作内容、时间安排、人员安排、资金预算以及检查督促等内容。详尽的工作方案是行业专家研讨会顺利进行的重要保证，也是组织工作的实施指南，一份好的方案是组织者统筹调配人力、物力、财力及调控全过程协调能力的重要体现。

2. 邀请行业企业专家 参与行业专家研讨会的专家必须是来自行业企业相应岗位的优秀员工代表，其基本标准如下：①具有该岗位丰富的经验，至少有3年或3年以上工作经历；②直接从事该领域的专职工作；③应具有较好的语言表达能力，最好是主管这一级的人员；④具有严谨作风和前瞻眼光；⑤能与人协同工作，不存在偏见；⑥工作期间能全身心地投入。一般一个岗位邀请2~3名来自不同企业的代表，一次行业专家研讨会参与的专家10~12人为宜。

3. 确定主持人、电脑记录员和列席人员

(1) 主持人：是行业专家研讨会的关键人物，一个优秀的主持人能大大提高研讨会的效率。主持人最好是既懂专业又懂课程理论，并且具有较丰富职业能力分析经验的专家。在实际操作中两者兼而有之的人太少，可以采取主持人加助理主持人的形式相互补充。一个优秀的、精干的主持人必须具备4个特质：①专业，主持人不仅要非常熟悉职业能力分析法，而且要有深厚的课程开发功底，最好是所分析专业的专家；②热情，能够创造轻松而紧张的研讨氛围，激发每一个参与者积极发言；③灵活，具备非常强的引导、归纳和调控能力；④耐劳，主持人几乎要同步地将行业专家对工作的表述转为动宾结构的精炼语句，一天超过8～10小时几乎不停地讲，类似于翻译中的"同传"工作，脑力和体力消耗非常大，是非常辛苦的工作。

(2) 电脑记录员：是研讨会非常重要的人物，除了具备与主持人相同的吃苦耐劳的特质外，应具备以下条件：①懂专业，了解职业能力分析方法，且为年轻专业教师；②非常熟悉Excel软件的使用，能够快速地打字记录，采取"动词＋名词"的方式记录；③严格按职业分析主持人的要求积极工作，专心倾听并注意记录职业能力分析会成员的意见，为主持人提供全方位支持；④一般不参加讨论，主要是做好录入工作，还要配合主持做好修正、打印等其他工作。

(3) 列席人员：是指参会并不发言的人员，职业能力分析会是师资培训的最好途径之一，该专业的教师必须列席会议并经历整个过程，才能充分了解、理解行业企业专家所述，才能够顺利地开展后续整理工作，为课程开发工作、教学实施打下扎实的基础。

4. 物品准备及布置会场

(1) 准备横幅和挂图：会场的横幅、职业能力表述用动词挂图、"工作项目完成评定表"(表1-2-2)挂图。

(2) 制作座位牌：主持人水牌含主持人及姓名两个座位牌，记录员水牌含记录员及姓名两个座位牌，岗位名水牌按需要分析岗位名制作，行业专家水牌含行业专家单位、姓名及职务，出席会议的领导嘉宾姓名水牌等。

(3) 用具和餐食：激光笔1支、录音笔1支、手提电脑2台、打印机1台、投影仪1台、录像机、照相机、A4打印纸1包、订书机1个、签字笔每人1支、草稿纸每人2张、茶水、快餐盒饭等。

(4) 印制会议资料：保证每个参会人员都有一本会议资料，包括会议议程、职业能力表述用词、任务完成评定表、空白的岗位职业能力分析表、岗位职业能

力分析表范例、研讨会评估表等。

（5）布置会场：行业专家研讨会一般采取 U 字形的会场布置形式（图 1-2-10）。相同岗位的行业专家相邻而坐，便于讨论。主持人必须与电脑记录员相邻而坐，便于现场沟通和协调。

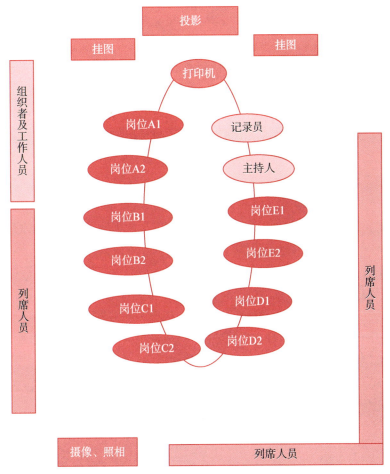

▲ 图 1-2-10　行业专家研讨会的会场布置

（二）会中分析

行业专家研讨会一般采取头脑风暴法，能提高分析研讨的效率。主持人不仅要清晰地阐述研讨会的相关要求，而且要营造融洽轻松的会议气氛，促进行业专家们"自由"地提出尽可能多的意见和见解，关键还要迅速将专家们的意见归纳为规范用语记录下来。行业专家研讨会的进程如下。

1. 分析前辅导　由主持人利用约 30 分钟时间，向参会的行业专家及列席人员说明本次会议目的、分析的岗位、分析内容、分析步骤及会议要求。一般制作 10 张 PPT 即可。该环节不仅概述了会议内容和要求，而且可以营造轻松的会议氛围，消除行业专家的紧张心情。其中，特别需要告知行业专家的是，研讨会就是请他们将自己熟悉的岗位工作内容、流程、要求进行阐述即可，并没有什么难度。

2. 行业专家自我介绍　自我介绍有利于大家相互认识，既是会议开始一般必备的环节，也是收集该专业的职业生涯发展案例的一次很好的机会。此外，这些来自企业的优秀员工将是学生进行职业生涯规划的榜样。自我介绍环节要简洁，可参照表 1-2-5 进行工作经历介绍或填写即可，控制在 30 分钟以内完成。

3. 列出各岗位的主要工作项目　这是"二维四步五解"职业能力分析法"四步"的第 2 步。该环节主持人要请代表各岗位的行业专家，按工作性质、流程或要求将工作项目分解为若干工作范畴、范围或领域；每一个工作范畴、范围或领域就是一个工作项目，每个工作项目包含完整的工作过程，具有整体性、独立性。一般而言，一个岗位包括 5 个工作项目。例如汽车运用技术专业的行业专家研讨会，负责钣金岗位分析的两位行业专家将钣金岗位的工作领域（职责）划分为 6S 管理、矫正车身（车架）、检查修补车身面板、维修非结构车身面板、焊接 5 项工作内容。

由于是会议开始初期，行业专家对会议要求理解不一定到位，容易对岗位的工作项目划分得过细，导致后续分析无法细分，或对岗位的工作项目划分得过于宽泛，导致后续的层次无法有清晰的结构。因此，可以进行两轮讨论。第一轮，可能同一岗位不同的专家对工作领域的分类标准不一样，意见不一定统一，可先记录下来，马上打印，请各岗位的专家协商；第二轮，各岗位专家的意见会更加一致，这样可基本确定各岗位的工作项目。当然通过后续的分析，各岗位的行业专家还可能对岗位工作项目进行修正，这也是允许的。

4. 将每项工作项目细化为工作任务　这是"二维四步五解"职业能力分析法"四步"的第 3 步。工作任务是完成某一工作项目的工作步骤或事项。例如，钣金岗位的"检查修补车身面板"工作项目，按照工作步骤细分，它包括检查及修补车身金属板、修复车身凹面、检查及修补车身玻璃纤维板 3 个步骤。再如，服务顾问岗位的"实时监控"工作项目，按照工作事项细分，它包括监控完工时间、开具估价单和处理一般工作，本环节大约需要 2 小时。

5. 将每项工作任务分解为职业能力点　这是"二维四步五解"职业能力分析法"四步"的第 4 步。这一环节还需要将每一个工作任务分解为职业能力点，从技能、工具、方法、要求、知识 5 个方面对完成某一工作任务的所需能力进行分解。值

第二章 职业能力分析方法

得说明的是,对于每个工作任务的能力解析,这5个方面仅是提供一种解析的思路,并不一定每个工作任务都能有这5个方面的要求;而且,在行业专家研讨会中也难以分析得如此全面,这也是后续修改补充工作的一种思考方式。如钣金岗位的"检查修补车身面板"工作项目中的工作任务到职业能力点的分析详见表1-2-7,服务顾问岗位的"打印工单"和"实时监控"工作项目到职业能力点的分析详见表1-2-8。

表1-2-7 钣金岗位职业能力点分析(节选)

工作项目	项目评定	工作任务	职业能力	能力要求(打"√") 高	中
检查修补车身面板	5	检查及修补车身金属板	按情况需要拆装车身板或其他简单组件,以便维修受损金属板	√	
			采用适当方法和程序修理金属板,并确保在合适的工作环境下	√	
			使用适当的防护措施	√	
			选择合适的金属板作车身修补	√	
			正确地使用工具,进行研磨	√	
			采取适当的工序,保持车辆防水、隔热、减音、减震、防锈的功能	√	
			在工序完成后,按照制造商规格,进行车身板外观尺寸及相关组件基本检查	√	
		修复车身凹面	正确确定凹面范围	√	
			打磨去除漆面	√	
			选择正确工具拉拔凹面	√	
			缩火	√	
			打磨符合喷漆要求	√	
		检查及修补车身玻璃纤维板	正确地选用有关的工具及物料	√	
			辨认各种常见的玻璃纤维板表面缺陷(如剥落、裂缝、气孔等)	√	
			采用适当的玻璃纤维修补方法和程序	√	
			修补工作的检查及修补	√	
			使用正确工具进行研磨	√	
			按照制造商规格,对车身玻璃纤维板外观尺寸及玻璃纤维表面进行检查	√	

表1-2-8 服务顾问岗位职业能力点分析(节选)

工作项目	项目评定	工作任务	职业能力	能力要求（打"√"）	
				高	中
打印工单	5	帮助客户选择产品	相关法规和单位要求与工作步骤	√	
			销售技巧	√	
			产品和售后	√	
			支付方法	√	
		确认顾客对其车辆需求	描述在车辆修理过程中符合法律和行业的要求以及必要程序	√	
			描述如何保证和客户的有效沟通并考虑到客户的需要	√	
			描述车辆休息区域提供的一系列典型的产品和服务	√	
			描述车辆信息系统、服务和修理要求	√	
			施工单中的服务项目工料合计需要多少费用	√	
			施工单中的服务项目所需的大概时间。对于很忙的客户,时间看的可能比钱还重要	√	
			是否要保留更换下来的配件,放后备厢还是什么地方	√	
		制作打印施工单	录入系统	√	
			打印施工单	√	
			将客户车辆的车钥匙拴上钥匙卡,记录车牌号、施工单号、接待人员名字、车型、车辆颜色、车辆停放位置	√	
			如果客户有钥匙链,还要在施工单明显处注明	√	
实时监控	5	完工时间	应该根据施工单表明的完工时间,及时向车间控制室询问工作进度	√	
			如不能按时交车,必须主动提前向客户说明原委并道歉	√	

第二章 职业能力分析方法

续表

工作项目	项目评定	工作任务	职业能力	能力要求（打"√"）	
				高	中
		估价单	隐形故障发生的原因，即为什么这个配件会有问题，以及此故障现在的实际损害程度	√	
			此隐性故障在现在或者将来可能会对客户本人或者客户车辆有什么样的损害	√	
			维修此故障需要花费客户多长时间及费用	√	
			如果估价单有很多隐性故障，就需要接待人员来替客户甄别哪些故障是现在必须修理的	√	
		处理一般工作意外	如果有暂时不用修理的应向客户说清楚，由客户定夺	√	
			在意外发生时，收集相关信息，了解意外的严重性及实时的潜在风险，根据机构拟定的守则做出适当的决定，如实时内部处理、送院求医、报警处理、紧急疏散等	√	
			根据机构指引，处理现场事项，如尽快向上级呈报并填写记录等	√	

从工作任务再到职业能力点的分析越来越细化，如果一个一个岗位轮流分析，会导致轮空的岗位行业专家无所事事。在具体行业专家研讨会中可以采取合分并举的方式，即选择1~2个工作任务作为示范，分解职业能力点，当该岗位的行业专家非常明确该分析思路时，就可以按照岗位分组进行分析。分组分析是由一个助理主持人带一个岗位的专家，采取边询问边记录的方式，完成该岗位从工作任务到职业能力点的分析。一旦完成一个岗位的分析，就应打印出来，请行业专家修改补充完善。合分并举的方式可以使分析工作更加紧凑，工作效率大大提高。一般上午是集中大会研讨，午餐后为按岗位分小组研讨，小组研讨大约需要3小时。

需要说明的是，行业专家研讨会有"3个不允许"。第一，不允许没有集中头脑风暴，在会议一开始时就按岗位分组分析，这样达不到相互激发思维的目的。第二，不允许也没有必要要求行业专家在会前填写好分析表，到会时直接打印和确认，这样也是没有实现头脑风暴、相互激发思维，乃至达成共识的目的。第三，不允许由职业院校教师先行填写好一张职业能力分析表，请行业专家确认，这种方式不能获得原汁原味的职业能力结构。

6. 等级及频率评定 评定每项工作项目的完成(达到)程度和每项职业能力出现的频率高低。在各岗位行业专家对所分析的工作项目、工作任务、职业能力进行修改完善时,请行业专家按照"工作项目完成评定表"的 6 级分类对工作项目做出评定,对各职业能力点的重要性或出现的频率高低进行判断,打"√"。至此,完成各岗位的专业能力这一维度的职业能力分析,大约需要 0.5 小时。

7. 分析职业素养 由于职业素养是各岗位共同需要的通用能力,这一环节采取专家集中研讨的方式完成,即由主持人引导,所有行业专家不分岗位和先后顺序,自由地表达自己的看法。职业素养是进行职业能力分析的第二维度,将职业素养细化为沟通交流、数字应用、革新创新、自主学习、团队合作、解决问题、信息处理、责任(安全)意识、外语应用、其他 10 个方面。主要对每个职业素养在具体工作中的表现和要求进一步细化为职业能力点,可继续利用"五解"的解析思路,从技能、工具、方法、要求、知识 5 个方面对每一项职业素养进行细化,关键是这些职业素养应该具体化。尽管职业素养属于"冰山"以下、较之于专业能力隐藏得更深的能力,但通过行业专家基于工作表现的描述可以更加具体化。如表 1-2-9 所示,关于"沟通交流",行业专家认为具体表现及要求是:明白上级意图、认真听取客户诉求、能及时准确传递客户要求到相关部门、掌握沟通技巧等。对于前 9 项职业素养没有涵盖的但岗位特别要求的职业素养可列为"其他"。专家研讨后,应将职业素养的分析单独打印出来,由专家修改确认和进行相应的评定,重在对能力要求的"高"或"中"的评定。职业素养分析需要 1~1.5 小时。

表 1-2-9 汽车运用技术专业各岗位职业素养分析

工作项目/职业素养	项目评定	工作任务/职业素养分类	职业能力	能力要求(打"√")	
				高	中
职业素养	6	沟通交流	明白上级意图	√	
			认真听取客户诉求	√	
			能及时准确地传达客户要求到相关部门	√	
			良好的沟通能力,善于发现问题,表达清晰	√	
			掌握沟通技巧(5s、2w、封闭式提问、引导式提问)	√	
			遇到问题及时反馈	√	

续 表

工作项目/职业素养	项目评定	工作任务/职业素养分类	职业能力	能力要求（打"√"）	
				高	中
		数字应用	常用公式（单位换算、加减乘除）	√	
			使用Excel进行数据统计（汇总、函数、透析表）		√
		革新创新	优化流程		√
			积极发表改进意见，解决问题思路清晰，有革新意识		√
		自主学习	学习品牌新技术、新知识（新车型）		√
			主动熟悉技术通告、产品通告	√	
			学习管理知识	√	
			主动熟悉厂家学习系统（LMS）	√	
			主动熟悉品牌新知识、新技术	√	
			收集和整合维修案例	√	
			达到一级计算机水平（Office办公软件）	√	
		团队合作	有凝聚力	√	
			能够服从安排	√	
			具有集体荣誉感	√	
			能够完成团队任务	√	
			做好工种与工种间衔接	√	
		解决问题	及时反馈问题	√	
			有谈判能力（投诉）	√	
			形成解决问题的思路	√	
		信息处理	保密客户信息	√	
			及时更新客户资料	√	
			能使用经销商系统（DMS系统）	√	
			会使用常用办公软件	√	
			及时传递信息	√	
			会阅读电子目录	√	

续　表

工作项目/职业素养	项目评定	工作任务/职业素养分类	职　业　能　力	能力要求（打"√"）	
				高	中
		责任意识	有安全防护意识	√	
			注意驾驶安全	√	
			能够使用防护工具	√	
			有消防安全意识	√	
			熟悉"三废"处理	√	
			知道危险品处理方法	√	
			轻取轻放物品	√	
			正确使用维修设备	√	
		外语应用	能读懂专业术语及缩写（用语）	√	
			能撰写英文诊断流程、报告（特殊品牌、厂家）	√	
		其他（组织能力、吃苦耐劳等）	能合理分工	√	
			能调动员工的积极性	√	
			组织娱乐活动、团队建设	√	
			开展公司间联谊	√	
			有牺牲精神（时间、精力）	√	
			能够接受加班	√	
			任劳任怨、不怕辛劳	√	
			忍得住寂寞	√	
			有职业道德、责任心	√	
			做事认真，不出错	√	
			有较好的仪容仪表	√	
			服务态度好	√	
			工作主动、积极、自主	√	
			思路清晰	√	
			爱岗敬业	√	

（三）会议总结

由主持人对行业专家研讨会进行小结和致谢，参加会议的全体人员所填写的"职业能力分析研讨会评估表"（范例 1 - 2 - 3）作为会后组织者分析总结研讨会的经验与不足的重要依据。此外，主持人必须对会后如何整理、修改、完善资料进行辅导，提出要求。

〔范例 1 - 2 - 3〕

"汽车运用技术专业职业能力分析行业专家研讨会"评估表

1. 你是本次研讨会的：工作人员☐ 列席人员☐ 行业专家☐
2. 在本次会议召开之前，您清楚研讨会的目的和您应发挥的作用吗 是☐ 否☐
3. 在主持人讲解职业能力分析方法之后，您清楚研讨会的目的和您应发挥的作用吗 是☐ 否☐
4. 您清楚参加研讨的原则吗 是☐ 否☐
5. 您对研讨会会场的环境满意吗 是☐ 否☐

   如果选择"否"，请解释_____

   _____

6. 您对研讨会的日程安排满意吗 是☐ 否☐

   如果选择"否"，请解释_____

   _____

7. 您是否积极参加研讨 是☐ 否☐

   如果选择"否"，请解释_____

   _____

8. 您对主持人的主持工作满意吗 是☐ 否☐

   如果选择"否"，请解释_____

   _____

9. 您对此次研讨会总的评价：一般☐ 好☐ 很好☐ 非常好☐
10. 请在此留下您的建议：_____

    _____

三、行业专家研讨会的常见问题

（一）工作项目划分过细

每个岗位的工作项目划分太细。例如，将"工作任务"作为了"工作项目"，不仅导致第 3 步难以分解，而且导致工作项目缺乏整体性、独立性。在研讨会召开过程中时有发生，主要是行业专家在会议初期对分解的要求把握不够准确，或主持人判断经验不够强造成的。一般可以待行业专家了解清楚研讨会的要求后，允许其反复修正。

（二）用词用语不规范

职业能力分析表中的"工作项目"一般可以用名词表述，也可以用动宾结构表述，"工作任务"可以用名词或动宾结构表述，但"职业能力（点）"必须采取"动词＋名词"动宾结构句子表述，且使用输出性动词。在实际操作中，要求行业专家严格做到的难度较大，需要主持人进行归纳和提炼。由于研讨会时间有限，规范用词用语工作有待会后资料整理时进行弥补。

（三）职业能力点挖掘不够充分

不少研讨会，由于将工作任务分解为职业能力点这一环节是通过分组分析完成的，在助理主持带领行业专家分析时往往出现一个工作任务对应一条职业能力点，非常不具体、不全面，导致小组之间的差异也较大。应该运用"五解"的解析思路，从技能、工具、方法、要求、知识 5 个方面，帮助分析者更加充分地挖掘完成每个工作任务的能力要求。

（四）职业素养的描述不够直观

由于职业素养的内隐性特点增加了直观表达的难度，在分析中，更需要专家从技能、工具、方法、要求、知识 5 个方面挖掘每一模块职业素养的能力要求。

（五）研讨的时间调控不当

研讨会的时间调控关键在于主持人的主持经验和能力，由于研讨会的时间有限，但是环节多、内容多、岗位多、人员多、突发状况多，主持人要控制好时间实属不易，要求主持人根据现场性实际情况进行灵活调整，但最好不要拖延时间，否则会影响行业专家参与研讨的热情和持久力。

（六）会场氛围冷热不均

行业专家研讨会涉及多个岗位的能力分解，而且每个岗位都要经过从岗位到工作项目、从工作项目到工作任务、从工作任务到职业能力 3 个阶段。于是，研讨会的组织就出现两种形式：一种是一个岗位 3 个阶段全部分析完，再分析下一个岗位；另一种是分阶段每个岗位轮流式分析。显然，前者容易导致一部分行业专家无事可做，另一部分专家忙得不亦乐乎；而后者各岗位的行业专家交替完成每一阶段的分析工作，有讨论也有独立思考的时间，更能营造集体研讨的氛围，其效果也更好。

第四节　职业能力分析表的形成与转化

行业专家研讨会是获得职业能力的重要途径之一，研讨会能够获得企业一线原汁原味的职业活动及能力要求，并以结构化的形式呈现出各专业的职业能力。但毕竟一两场职业能力分析会所获得的信息是有限的，代表性也不足，为对职业能力进行系统化、精确化的描述，还必须辅之以文献研究、问卷调查、专家咨询等多种方法，从而对职业能力分析表进行整理、修改、完善和丰富。本节重点介绍如何形成正式的职业能力分析表，以及如何将职业能力要求转化到课程内容结构中。

一、正式职业能力分析表的形成

（一）岗位职业能力分析表的整理

1. 对表述不当的用语进行修改　召开行业专家研讨会，获得的是按岗位描述的岗位职业能力分析表（表 1-2-7、表 1-2-8），一般对于岗位职业能力分析表中"工作项目"的表述可采取动宾结构，也可采取名词表达，用语较短。例如，既可表述为"车身钢板检查维修"，也可表述为"检查维修车身钢板"。对于"工作任务"，可以用名词或动宾结构表述，用语较短，如，"完工时间"或"跟踪完工时间"。对于"职业能力"的表述，必须采取"动词＋名词"的动宾结构表述，句子较为精炼，一般 10 个字左右，且动词多采用输出性的行为动词，具体化所需的能力并使之可评可测。例如，"使用正确工具进行研磨""确保在合适的工作环境下，采用适当方法和程序修理金属板"。

在行业专家研讨会后，组织人员对会议资料进行了认真细致的分析和整理，将文字材料、录音录像资料进行加工。要求：①按用语要求对专家意见进行修正;②对记录有误的、不够准确的部分进行改正;③对于过长的语句进行提炼或拆分;④汇总行业专家对各岗位工作项目和职业能力的评定,一般以多数专家意见为准,确定工作项目和职业能力的评级。这样就可形成较为系统、细致的岗位职业能力分析表。

2. <u>对岗位职业能力分析表进行补充</u>　通过行业专家研讨会形成的岗位职业能力分析表,所获得的信息是有限的,代表性也不足,必须参照国内外的相关职业能力资料进行补充、完善和丰富。通过文献研究法、案例研究法、问卷调查法等多种渠道获得的各种职业能力信息,由于是零散的、非结构化的,故将它们吸收到岗位职业能力分析表的过程中就是进行结构化处理,最终使得岗位职业能力分析表更为丰富。

3. <u>征询专家意见</u>　通过前两项的修改和补充,各岗位的职业能力已经初步成型了。为了使得修改、补充的部分更加准确,可以将岗位职业能力分析表发给行业企业专家再次征询意见。行业企业专家的选择分为两种:一种是参加过职业能力分析行业专家研讨会的各岗位专家,他们对职业能力分析的要求非常了解,可以对该表进行细致的修改和确认;另一种是没有参加过职业能力分析会的不同企业单位的专家。专家的选择条件与参加分析会的专家选择条件相同,这些专家可以从不同企业的视角对职业能力分析表进行评价,这样可以扩大分析的覆盖面,增强代表性。

(二)专业职业能力分析表

1. <u>合并岗位职业能力分析</u>　将每个专业所对应的岗位职业能力分析表及职业素养表合并在一张表中,将表头改为"某专业职业能力分析表",参照表 1-2-3 的格式。合并后所有的工作项目、工作任务和职业能力均需要从各岗位应达到的能力要求,转化为该专业学生需具备的职业能力要求。在合并时如果发现不同岗位有相同的工作项目、工作任务、职业能力则应合并为一项。归并的原则是选择更为准确、科学的描述,如果出现工作项目、工作任务及职业能力之间的包含关系,则以详细的描述为准。

2. <u>专业职业能力分析表编码</u>　对专业的职业能力分析表整理完成之后,通过编码就形成了正式的"某专业职业能力分析表"。编码一般采取 3 级数字编码,即工作项目(含职业素养)为第一级码,用"01、02、03…"表示;工作任务及职业素养分类为第二级码,编码为"第一级编码+第二级顺序码",如 05 号工作项目有 4 个工作任务,其编码分别为"05-01、05-02、05-03、05-04";职业能力为第三级码,编码为"第一级码+第二级码+第三级顺序码",以 05 号工作项目第

3个工作任务的6条职业能力的编码为例,其编码分别为"05-03-01、05-03-02…05-03-06",详见表1-2-10。这种编码方式在Excel软件中容易操作实现。

表1-2-10 汽车运用技术专业职业能力分析(节选)

工作项目/职业素养	工作任务/职业素养分类		职业能力	学习水平	
				中职	高职
20 汽车外部美容	20-01	工具及设备的选用	20-01-01 正确、有效使用常用的车身清洁工具	L1	
			20-01-02 正确选择车身清洗剂	L1	
			20-01-03 正确选择车身美容常用的除锈、刮涂、打磨、喷涂、防涂遮蔽等专用工具	L1	
	20-02	车身清洗	20-02-01 使用高压水枪进行全车外部冲洗大块泥沙	L1	
			… …		
			20-02-04 玻璃清洁、防雾处理、加装防冻清洁剂	L1	
	20-03	车身漆面开蜡和打蜡	20-03-01 分清常用物料(一般车蜡、清洁剂)	L1	
			… …		
			20-03-07 使用一般打蜡器材功用及操作守则	L1	
	20-04	研磨抛光	20-04-01 正确辨别车身漆面划痕及漆面状况	L1	
			20-04-02 根据漆面情况,选择合适的抛光盘和抛光剂	L1	
			20-04-03 正确操控抛光机对漆面进行抛光处理	L1	
	20-05	车身漆面护理	20-05-01 使用中性洗车液清洗全车漆面	L1	
			… …		
			20-05-05 无尘打磨处理	L1	

续 表

工作项目/职业素养	工作任务/职业素养分类		职业能力	学习水平	
				中职	高职
...					
75 职业素养	75-01	沟通交流	75-01-01 明白上级意图	L3	L3
			75-01-02 认真听取客户诉求	L3	L3
			75-01-03 能及时准确传达客户要求到相关部门	L3	L3
			75-01-04 有良好的沟通能力,善于发现问题,表达清晰	L3	L3
			75-01-05 掌握沟通技巧(5s、2w、封闭式提问、引导式提问)	L3	L3
			75-01-06 遇到问题及时反馈	L3	L3
			75-01-07 能够与同事沟通,增强信任感	L3	L3
	...	...	...		
	75-08	责任(安全)意识	75-08-01 有安全防护意识	L3	L3
			75-08-02 注意驾驶安全	L3	L3
			75-08-03 能够使用防护工具	L3	L3
			75-08-04 有消防安全意识	L3	L3
			75-08-05 熟悉"三废"处理	L3	L3
			75-08-06 知道危险品处理方法	L3	L3
			75-08-07 轻取轻放物品	L3	L3
			75-08-08 正确使用维修设备	L3	L3
	...	...	...		
	75-11	吃苦耐劳	75-11-01 有牺牲精神(时间、精力)	L3	L3
			75-11-02 能够接受加班	L3	L3
			75-11-03 任劳任怨、不怕辛劳	L3	L3
			75-11-04 忍得住寂寞	L3	L3
			75-12-07 爱岗敬业	L3	L3
	...	...	...		

第二章　职业能力分析方法

3. 确定学习水平　专业职业能力分析表不仅要清晰表述该专业所需要的职业能力,而且要明确这些职业能力应该属于哪个"学习水平",即分属中职、高职、应用本科层次或哪几个。对于每条职业能力的学历教育层次划分有 3 个依据:一是依据该专业的职业生涯路径;二是依据岗位职业能力表的的"项目评定";三是依据岗位职业能力表的"能力要求"的评级。例如,表 1-2-10 的"L1"表示汽车运用技术专业职业生涯发展路径(表 1-2-6)的第Ⅰ级,这一级是中职学历层次。"L3"表示第Ⅲ级,是中职、高职学历层次都需要培养的。在学习水平划分中,还会遇到某工作项目或工作任务或职业能力点在两个相邻岗位中都需要的情况,如某一工作项目对应的职业能力不仅属于 L3 水平层次,还属于 L4 水平层次,即这些职业能力点分属不同的学历层次。

二、职业能力到课程的转化

(一) 学习领域课程

如前所述,以职业活动为载体,通过职业岗位、工作项目、工作任务、职业能力点进行层层分解,形成了专业职业能力分析表(简称"职业能力分析表")。职业能力分析表不仅对于专业人才培养目标定位、人才培养规格提供了重要依据,而且为专业课程体系构建奠定了扎实基础。职业教育作为一种教育类型,以培养应用型技术技能人才为目的,其课程体系应该基于工作体系构建。因此,职业能力分析表中基于工作项目、工作任务所承载的职业能力必须落实到职业教育课程中,否则,职业能力分析乃至职业能力分析表就失去了意义。

职业能力分析表代表工作领域中的能力要求,如何转化为学习领域的课程呢? 两者紧密联系,但并不等于工作需要什么,学校就只教什么。学习领域课程的构建除依据职业能力分析表,还必须遵循技术技能人才成长规律,必须考虑学生可持续发展的需要;以学生职业能力形成为主线,采取专门的方法、运用一定的工具,将工作项目、工作任务和能力要求转化为专业课程和教学内容,明确专业课程与任务能力之间的对应关系,构建专业课程体系。

(二) 转化方法

基于职业能力分析,构建职业课程,将职业能力分析表的工作项目、工作任务和能力要求转化为课程,实现课程与能力的对接。通常采取头脑风暴法,即集中有关专业的教育专家召开专题会议,在主持人的引导下,教育专家根据职业能力分析表,以及人才培养规律和学生可持续发展的需要,"自由"地提出课程建构的意见和建议,并集中研讨协商。教育专家将职业能力分析表转化为课程,一般有3种转换方式(图1-2-11)。

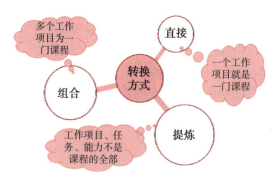

▲ 图1-2-11 能力到课程的转化方式

1. **直接转换** 一个工作项目就是一门课程。如会计专业的职业能力分析表中有"办理纳税业务"这一工作项目,可直接转换为"企业涉税业务办理"这门课程。这种课程多为项目课程或学习领域课程。

2. **组合转换** 多个工作项目组合为一门课程。会计专业的"会计实务"课程的能力模块对应核算财产物资、核算工资薪酬、核算财务成果、核算筹集资金、核算往来款、核算对外投资7个工作项目及相关职业素养,即这些工作项目组合成了一门课程。这种课程多为项目课程、学习领域课程及综合实践课程。

3. **提炼转换** 课程与某些工作项目、某个工作任务或某些职业能力点对应,但这些项目、任务和能力点并不是课程的全部,即课程会涵盖更多的内容。一种原因是职业能力分析不够全面,有些职业能力还未完全挖掘;另一种原因是该课程是学科课程或技能训练课程,其课程结构并不是基于工作过程及结构,虽与工作密切相关,但其直接对应关系却不明显。在能力到课程转换中,大部分学科型的专业基础课程属于这种方式,这些课程培养的能力需要提炼,需要从具体工作中抽离出来,如会计专业中的"财经法规"课程,它对于完成多种与经济相关的会计工作密切相关,非常重要。

(三) 课程构建工具

1. **课程与能力对接表** 从工作领域的能力到学习领域课程构建需要依托转化工具,即课程与能力对接表(表1-2-11)。

表 1-2-11　课程与能力对接表

☐中职	☐专业核心课	☐专业方向课
☐高职	☐专业核心课	☐专业方向课
课程名称		
主要教学内容和要求		
对接＿＿＿＿职业能力分析表		
工作项目、工作任务及职业能力		
代码	内　　容	

首先,确定课程名称,以及该课程所属的学段,即表 1-2-11 的第一、二、三行;然后,填写该课程"对接＿＿＿＿职业能力分析表"的内容,包括对接的"工作项目、工作任务及职业能力",将其在职业能力分析表中所对应的代码和内容填入;最后,概述"主要教学内容和要求",即该课程为了达到以下能力的要求需要学习的内容及要求。换言之,学习了本课程,就可完成以下的工作项目、工作任务,并具备相应的能力(范例 1-2-4、范例 1-2-5)。

〔范例 1-2-4〕

中职课程与能力对接表

☑中职	☑专业核心课	☐专业方向课
☐高职	☐专业核心课	☐专业方向课
课程名称	会计基础	

续表

主要教学内容和要求	本课程是中等职业学校会计专业学生必修的一门专业核心课程,其任务是使学生了解会计工作职责与任务,理解会计工作的基本方法和基础理论,会填制与审核原始单据,会填制与审核记账凭证,会登记主要会计账簿,会编制资产负债表和利润表,会整理和保管会计资料,为后续的专业会计学习及考取会计从业资格证奠定良好的基础

对接会计专业职业能力分析表

工作项目、工作任务及职业能力

代码	内容
09	填制、审核凭证
10	登记账簿
11	编制会计报表
12	审核
20	会计档案保管
…	……
52	职业素养

〔范例1-2-5〕

高职课程与能力对接表

☐ 中职	☐ 专业核心课	☐ 专业方向课
☑ 高职	☑ 专业核心课	☐ 专业方向课
课程名称	汽车发动机电控系统检修	
主要教学内容和要求	通过课程的学习,学生掌握汽车发动机电控的基本理论知识,能够对汽车发动机电控系统常见故障现象进行总结,分析故障原因,查找故障部位;通过实训培养学生的实践技能,掌握正确的故障诊断方法,能够对汽车发动机电控系统的重要部位进行检测和调整,具备对汽车发动机电控系统典型故障进行诊断、检测与排除的能力	

对接汽车运用技术专业职业能力分析表

工作项目、工作任务及职业能力

代码	内容
01	6S管理
04-01	维修前准备

续 表

04-05	发动机部件更换
…	……
75	职业素养……

2. 鱼骨图 课程与能力对接表仅是将职业能力分析表的有关内容分门别类地转化到相应的课程中,在利用这些工作项目、工作任务,即基于工作过程构建课程结构及内容,明确每门课程需要学习的知识、技能和态度时,可利用鱼骨图(图1-2-12)作为分析工具进行分析。"鱼脊椎"是课程主线即主体结构,称为学习任务或学习模块或学习项目,课程的主线可以参照"课程与能力对接表"中的工作项目、工作任务形成。如范例1-2-6,《汽车发动机电控系统检修》课程的主线就是以汽车维修的工作过程为主线,围绕每一步骤,将需要学习的知识、技能乃至态度要求展开在"鱼刺"中。"鱼刺"的很多内容与职业能力分析表的"职业能力"不仅高度吻合,而且内容更加丰富。

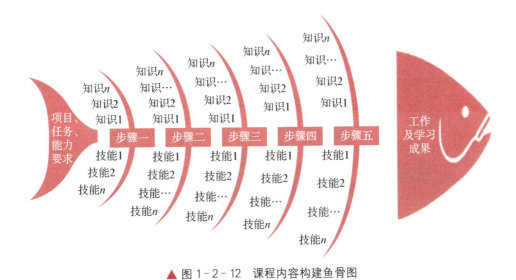

▲ 图1-2-12 课程内容构建鱼骨图

〔范例1-2-6〕
"汽车发动机电控系统检修"课程构建鱼骨图

图1-2-13表述了学习领域课程的结构,与工作领域的职业能力分析表具

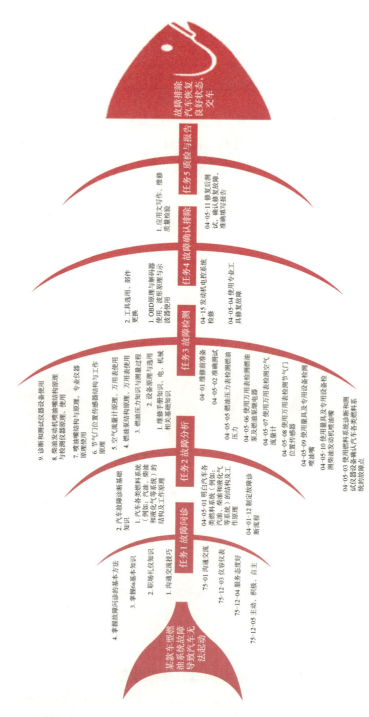

▲ 图 1-2-13 "汽车发动机电控系统检修"课程构建鱼骨图

有较强的对应关系。至此,工作领域的能力要求就转化为学习领域的课程内容。需要说明的是,课程与能力对接表、鱼骨图是课程标准乃至课程教材编制的重要依据。

参考文献

[1] 邓泽民,陈庆合,刘文卿. 职业能力的概念、特征及其形成规律的研究. 煤炭高等教育,2002,(2):104.

[2] 刘育锋. 中高职课程衔接的理论与实践. 北京:北京理工大学出版社,2012.

[3] 邓泽民,郑予捷. 现代职业分析手册. 北京:中国铁道出版社,2009.

[4] 欧盟 Asia-Link 项目"关于课程开发的课程设计"课题组. 学习领域课程开发手册. 北京:高等教育出版社,2007.

[5] 施良方. 课程理论. 北京:教育科学出版社,1996.

[6] 姜大源. 职业教育学研究新论. 北京:教育科学出版社,2007.

[7] 马建富. 职业教育学. 上海:华东师范大学出版社,2008.

[8] 杜怡萍. "二维四步五解"职业能力分析法的实践探索. 职教论坛,2015,(5):8-14.

[9] 广东省教育厅,广东省教育研究院. 中高职衔接专业教学标准和课程标准:汽车运用技术专业. 广州:广东高等教育出版社,2015.

[10] 杜怡萍,李海东. 中高职衔接新视野:从能力到课程. 广州:广东高等教育出版社,2015.

第三章

课程开发步骤与方法

在国家高度重视并大力推动职业教育改革与发展的大背景下,深化产教融合、校企合作、协同育人,推进教师、教材、教法"三教"改革是各职业院校面临的艰巨任务。为促进产教融合、校企合作,推动"三教"改革,提升办学质量和人才培养质量,职业院校应更加重视并积极探索校企深度合作及系统开发课程的方法和路径。然而,在目前的具体实施过程中,多数仍然是学校单一主体开发,企业主体作用未得到充分体现,所开发的课程及课程体系与企业的实际需求相脱节,因而企业积极性不高,校企协同育人的目标难以落实。

以下介绍的课程开发步骤与方法,是数十家职业院校100多个专业,在中高职专业教学标准、中高衔接、高本衔接以及现代学徒制专业教学标准研制,并探索实践形成的经验总结。尽管专业及学历层次不同、培养模式不同,但其基本路径都是由广东省教育研究院专家们研究探索后并在全国得到推广应用,该基本路径适用于职业院校各专业的"专业教学标准研制"。实践证明,这也是校企深度合作、系统开发课程最为有效的途径之一,能充分调动企业的积极性和主动性,帮助职业院校解决课程改革的难点问题,为"全面推行现代学徒制""双高计划""高职扩招"背景下的"双元"合作开发课程提供参考。

第一节　课程开发团队组建

在专家的培训和指导下,按照"供需调研→职业能力分析→课程体系构建及课程转换→标准编制"基本路径系统开发课程,是确保每一阶段性目标达成并形成成果质量的技术支撑,而企业发挥其主体作用是课程开发成果得以形成的重要前提条件。为此,课程开发不仅要考虑团队人员结构及组成,更重要的是要重视校企成员的学习培训,从而使团队成员转变观念,提高认识,更加明确企业在课程开发中的地位与作用,有效调动企业参与人才培养的积极性和责任意识。只有这样,才能更好地发挥校企双方的资源优势,开发出体现职业特色的课程体系。

一、企业在课程开发中的地位与作用

在课程开发过程中,应厘清企业的责任和义务,让企业理解基于岗位需求、能力导向开发课程的过程中企业的地位和作用,对人才培养的目标定位、课程设置、内容构建提升话语权,真正体现企业的主体地位,更好地发挥企业在课程开发中的作用;所开发课程在教学组织与实施、考核评价等方面体现基于工作的学习,最大限度满足企业人才需求,这样才能调动企业的积极性,只有在企业愿意参与的前提下,组建的团队才能深度合作、发挥应有的作用。校企合作开发课程更注重学生对知识的应用能力、学习能力和实践能力的培养,突出本专业领域的新知识、新技术、新流程和新方法。

二、课程开发团队构成及组建方式

基于岗位职业能力分析的课程开发,校企团队成员应具有职业教育相关的教育或培训经验,熟悉本专业对应岗位的工作内容与要求,这是参与课程开发最基本的条件。因此,牵头组建课程开发团队的单位,要根据开发课程的现实需求来组建校行、校企深度合作型的"双师结构"专业课程开发团队。

(一)组建校行合作的专业教学标准研制团队

由院校牵头,组织多家职业院校的课程专家、骨干教师,以及行业内若干优秀企业或龙头企业的人力资源和技术培训岗位上且在一定区域内有较强影响力的实践专家组成校行合作专业教学标准研制团队。该团队的组建应尽可能地利用专委会或行业协会平台,广泛发动行业协会多家会员单位,调动行业及龙头企业参与的积极性,参与院校和企业在行业中的影响力越大、覆盖的区域越广,就越能更好地统筹行业中的优质教育资源。面向"行业人才需求",以能力本位、系统培养为原则,基于岗位职业能力分析成果开发课程及课程体系,是研制适应双元育人模式改革的"专业教学标准及课程标准"的重要组成部分。所开发的课程及课程体系既要体现学历教育最基本的要求,又要满足在行业企业中有代表性和通用性岗位所需能力的基本要求。

(二)组建校企合作的人才培养方案制订专业团队

企业对于课程开发的积极性及所能发挥的作用,一方面取决于企业的教育

情怀和意愿,另一方面则取决于院校和专业对企业文化的认同及彼此的合作基础。由学校专业负责人牵头,组织本专业教师与多家合作企业相关岗位的优秀培训师、技术骨干等组成校企融合的"双师结构"专业团队,以基于职业能力分析成果开发的"专业教学标准"为依据,开发专业课程及课程体系。所开发的课程是制订人才培养方案的重要组成部分,既要体现学历教育及行业企业岗位能力的基本要求,又要满足合作企业对人才培养的个性化要求。

三、多元团队核心成员的基本条件

课程开发是系统工程,首先应形成双师结构团队的核心,团队核心成员全程参与并发挥指导和带头作用,承担主要环节的重要工作,负责把控工作任务的实施进度及完成质量,从而保证后续工作顺利开展并能够取得较好效果。团队核心成员应具有不同的工作领域及工作背景,各有优势,其分工各有侧重。

(一)学校教师核心成员的基本条件

具有3~5年以上职业教育教学一线岗位工作经验,能够独立承担1~2门专业课程的开发;认同企业文化并对企业培训有一定了解,与企业有良好的合作关系,并具有较强沟通能力;有相关行业工作经历,具备双师素质或职业资格考评员资格的骨干教师优先考虑。

(二)行业企业核心成员的基本条件

具有3~5年企业技术岗位或管理岗位一线工作经验;熟悉行业标准、岗位标准;有校企合作基础,对学校课程设置要求及教学规范有一定了解;语言表达和归纳能力较强;在企业培训岗位和人力资源招聘岗位一线的骨干员工优先考虑。

四、课程开发团队的基本要求

课程开发团队构成多元,对课程开发的认识和理解程度参差不齐,故要转变所有成员的观念并统一到同一高度需要一个过程,不妨先转变团队核心成员的观念,形成相互影响和带动的氛围。

只有教师充分认识和理解课程开发所要实现的目标,才能按照职业能力本身的结构和方式构建课程,从而发挥行业企业在课程开发中的主体作用。基于职业能力分析转化的课程,学校教师应该提供职业教育课程理念与课程开发技术指导,起主导作用,而企业则应提供职业岗位需求及岗位标准,起主体作用。

（一）学习课程开发基本理论

学习职业教育课程开发的基本理论、基本思路、原则与要求。深刻理解职业教育课程开发的内涵，了解"二维四步五解"等课程开发的基本方法。特别要注意，务必保证校企核心成员共同参与基本理论的学习，提高他们对基本理论及内涵的理解和认识，这是实现深度合作开发课程的基础。

以现代学徒制课程开发为例，如果对该模式的基本内涵理解不到位，仅仅从形式上体现双主体育人，把原有属于学校课程体系的部分课程交由企业进行培训，让企业感觉到教学工作任务增多且教的内容与实际需求脱节，还不如订单培养。相反，如果校企双方深入理解了现代学徒制校企合作内涵，才能真正做到在培养目标上体现素质为先、能力本位，在培养主体上强调双重主体、双重身份，在教学组织上体现交互训教、工学交替，在成才方式上突出岗位培养、在岗成才。让企业看到校企合作是双赢的，而且企业是最大的赢家，这样就使得企业的积极性和主动性大大提高，企业更加认同以"校企双元育人、岗位培养"为基本特征的现代学徒制模式。

因此，校企双方共同学习、转变观念、提高认识非常有必要，这是实现课程开发预期目标的重要基础。

（二）学习相关政策文件

《国家职业教育改革实施方案》（国发〔2019〕4号）、《教育部关于职业院校专业人才培养方案制订与实施工作的指导意见》（教职成〔2019〕13号）等相关政策文件，为职业教育人才培养提出了明确、具体的要求，应深入理解相关文件精神，提高团队整体的思想认识，从而了解人才培养目标与规格及课程定位的总体要求与基本原则，并理解课程始终是教育教学改革的核心，教师是课程改革得以实现的基础，课程开发是推进职业教育教师、教材、教法"三教"改革的重要抓手。

（三）集中培训学习与借鉴

在校企合作开发课程的实践中，为什么企业参与课程开发的积极性不高，主要是校企双方存在课程开发的目标和理念认识不到位。许多针对课程建设的专题培训，只将学校相关人员作为培训对象，而企业对政策信息的了解来自学校教师的传达，故难免出现理解不深入或不到位的情况。如果学校教师本身的理解也不够深入，只是把传统课程体系的课程进行校企分担，这样给企业增加工作量的同时，会让企业觉得没有实际意义，当然就没有积极性。为了提高团队的思想认识，有必要组织校企团队通过相关的学习培训、集中研讨交流、借鉴经验等方式加深对课程开发的理解，为后续工作提供技术保障。

（四）加强校企之间的沟通与合作

在深入理解课程开发内涵要求的基础上，组织团队（特别是核心成员）进一步学习课程开发的方法与步骤，了解方法要领和技术路径。为了更好地发挥企业的主体作用，需要加强团队之间的沟通与合作。如沟通不到位，企业在课程开发中起到的作用只是协助，如参与人才培养方案修订论证会、对学校设置的课程发表意见等，仍然没有参与到课程开发的实质性工作中。即校企合作还停留在原有基础上，课程体系没有突破传统的学科体系结构。因此，务必保持校企学习资源与信息分享渠道的畅通及时，加强校企之间的沟通，将校企合作落到实处，让企业充分理解并乐于合作开发课程，最终使企业获得量身订制的人才，这样才能更好地发挥企业的主体作用。

总之，从一开始组建校企合作的双师型结构团队时，就应该不流于形式，必须让所有参与者意识到课程开发是双赢的，需要稳定而持久的合作关系，双方的作用互相不可替代，强调主体责任意识。有必要组织团队成员学习与借鉴成功案例的经验，重点理解培训课程和学历教育课程的主要区别，前者相对独立，目的在于满足某一岗位工作任务要求，后者则是相对独立又相互联系，体现系统培养，满足学历教育要求。因此，课程开发不是在原有课程上的简单加减，而是尝试让原来课程"归零"，用新的方法开发课程并重构课程体系。

（五）明确工作任务与分工

课程开发各阶段工作紧密联系，环环相扣，形成一闭环。必须明确各项工作任务，分工合作、落实到位、责任到人。应根据校企成员在不同阶段各自的能力优势，分工各有侧重，最大限度地发挥校企成员的作用。以某专业课程开发工作为例分述如下。

1. **岗位需求调研**　学校主要负责制定调研方案、设计调查问卷、调研报告等文字材料撰写工作以及与相关院校的联系；企业主要负责了解、收集行业企业信息，根据调研需求确定并联系行业企业调研对象，组织企业访谈等调研的具体工作。

2. **职业能力分析前期准备**　学校主要负责组织职业能力分析研讨会（包括会议形式、规范文本、会议要求、参会专家条件、会务准备等），企业主要负责提供行业企业参与职业能力分析的专家信息，并配合学校组织工作。

3. **职业能力分析研讨会**　企业专家是职业能力分析研讨会上发言的主角，应按职业能力分析要求，梳理职业岗位工作内容与要求并条目化表达。学校教师主要负责会后资料整理。

4. 课程转换及课程体系构建 学校主要负责会议组织、联系学校课程专家，说明课程转换方法、课程模块学时学分分配要求等，企业主要负责联系行业企业课程专家，说明岗位标准与要求。

5. 课程与能力对接 学校主要负责结果统计及会后资料整理，按课程与能力对接的规范文本进一步完善，尽可能做到课程内容与职业岗位标准精准对接；企业主要负责按岗位标准及要求核对岗位能力描述的准确性，保证与行业企业实际要求的描述保持一致。

6. 实行双负责人制 在课程开发全过程中，为确保任务落实到位并按计划推进，实行双人负责制，即学校负责人和企业负责人。按照课程开发计划，分别由学校负责人和企业负责人将工作任务落实到具体部门和相关人员，并及时上传下达有关通知要求，跟进工作进展情况。

第二节　岗位需求调研

课程内容开发应以职业能力分析获得的职业岗位标准为依据，专业面向的岗位及岗位需求是否明确，直接影响到课程内容开发的广度与深度、人才培养目标定位的层次及规格。因此，岗位需求调研是后续工作的基础。对于调研阶段形成的职业生涯发展一般路径，对本专业毕业生面向的岗位、岗位层级及晋升年限等关键要素的表述，是否规范并具有代表性和普适性，校企应统一认识。本专业毕业生的主要就业岗位明确后，才可进入职业能力分析环节，确保职业能力分析→课程内容开发→人才培养目标定位等后续工作的连贯性。

一、调研准备

面向行业企业开展供需调研，分析行业企业的发展现状、发展趋势及人才需求情况，以及专业相关岗位的能力要求等。开展供需调研前必须认真制定调研方案，精心设计调查问卷，做足准备工作，扎实开展调研才能达到预期设定的目标。

（一）制定调研方案

学校负责人就调研范围、调研对象及调研方法等关键要素先与企业负责人沟通，双方就如何有效开展调研工作达成共识并制定调研方案，方案内容应尽可能明确、具体、可实施。调研方案中一般包括调研目的、调研内容、调研对象、调研方式、有效样本数及覆盖面、研究方法、调研执行时间、调研费用预算、调研报告的撰写和提交时间、参与调研人员及分工等。调研对象主要有行业、企业、院校、在校生及毕业生。不同调研对象的调研内容各有侧重,面向行业的调研侧重行业规范及职业标准;企业调研侧重了解人才需求的专业类别、学历层次需求、岗位标准等;院校调研的重点是了解其他地区或学校同类专业的定位及课程设置、在校生学习态度及动机、毕业生就业岗位等。

根据调研内容及调研对象,确定调研方法及样本数。调研采取的方法包括访谈(一对一、一对多)、邮件调查、电话调查、在线问卷调查等。针对毕业生、用人单位、招聘网站 3 个不同的调研对象,采取不同形式的调研,综合分析得出本专业的主要就业岗位(表 1-3-1)。

表 1-3-1 某专业主要就业岗位(群)调研

调研对象	调研范围	调研形式	分析内容
毕业生	近 3 届毕业生	在线问卷、访谈、个案分析	对口就业岗位、薪资、对母校教学建议等
行业企业	合作企业、院校所在区域的行业协会	问卷、访谈、个案分析	对人员要求、岗位及晋升标准、毕业生需求、校企合作方面等
招聘网站	对口行业、招聘岗位数据	数据采集、分析	人员需求情况、薪资情况、岗位要求等

(二)设计调查问卷

问卷调查是各专业供需调查中广泛采用的调查方式,一般由学校根据专业调查目的设计各类调查问卷,采取随机抽样或整群抽样方式确定样本数,然后对调查样本进行统计分析并得出调查结果。一般专业调研范围广泛、样本分布较分散,多采用在线问卷调查(问卷星、问卷等平台)形式,可以自动分析得出调查结果,大大提高了调研的效率。

设计问卷是调查者的主动行为,接受问卷调查是被动行为,很多时候问卷设计仅仅从调查的角度考虑,而忽略调查对象的心理感受和认知范围,如果调查对象不理解或不配合,收回的调查问卷不是客观真实的回答,必然会影响结论的准确性。问卷调查结果的可信度,在一定程度上取决于调查对象对问卷的情绪反应,只有取得调查对象愿意配合,认真对待所有问题、题意理解清楚、能清晰并如实回答,才能保证调查结果客观可信。

1. 问卷设计的基本思路

(1)整体构思:很多人认为问卷设计简单,把要了解的问题变成问题和答案,组成问卷发布到网上就等结果了。实际上,这样只是走完调研程序而已,基本上无法达到预期目标。应该根据调查目的与内容,先构思问卷整体框架。

(2) 系统设计:在整体框架拟定的前提下,围绕调研目的设计单个问题,注意单个问题与问卷整体的逻辑联系,根据问卷的逻辑、问题的性质和视觉感受等排序,使整个问卷的条理清晰,整体感更加突出。

(3) 换位思考:问题设计从调查分析的角度考虑,语言比较专业化,问题太长、选项难以理解或者题量太多,让调查对象觉得是麻烦事,容易产生抱怨情绪或排斥心理,可能会以工作忙为借口,或认为没有意义、浪费时间而不配合,或敷衍了事。因此,在问卷设计时要换位思考,设想一下如果自己是调查对象,愿意配合、能顺畅填答的问卷应该如何设计。

2. 问卷设计要点　调查对象愿意配合并保持轻松、愉悦的心情,能够集中注意力完成问卷,才能保证收回问卷的有效性。调查对象愿意配合并按要求完成的问卷,通常是问题容易理解,方便操作,不费时、不太费功就可以完成。但从问卷设计的角度,应以保证问卷设计质量为前提。

(1) 科学严谨,客观提问:问题的提法、措辞应严谨规范、符合逻辑,避免暗示、引导性提问、主观臆断,避免把带有主观或个人偏见的结论当问题提出。如"师傅教学方法不得当""岗位任务重"等,全部选项偏向负面,如果调查对象是正面理解就无法选择。

(2) 仔细检查,确保质量:仔细检查问卷是否包含统计分析的因素,避免调查信息的遗漏,去掉可有可无的问题,并确保没有交叉重叠以及单选出现多个选项让调查对象无所适从等情况。

(3) 细节调整,增加趣味:在确保问卷没有质量问题之后,兼顾方便调查对象操作及趣味性原则,再从细节上做调整(填空式、是否式、多项选择项、矩形式和表格式等类型),以不易产生视觉疲劳、不易看错为原则,合理排序。

(4) 问卷测试,修改完善:问卷发放前,随机抽取几名调查对象参与问卷测试,并说明测试目的,让其认真完成填答,并如实反馈答卷的感受(时间、题量、内容等),根据测试者反馈意见,进一步修改完善。在完善后再发放,才能更好地保证问卷调查质量和效果。

3. 注意事项

(1) 主体明确,容易理解:表述清晰、通俗易懂。

(2) 问题简明,字数控制:提问直接、简短,措辞严谨。字数尽可能控制在1～2行。如字数精简仍在2行以上,可能问题太大,可考虑拆分。单选选项一一般2~5项,多选选项一般不超过8项。如问题太长,选项过多,跨屏显示则手机查看不便。

(3) 题量适中,时间适宜:20~30题较适宜(1~2页),最多不超过50题。10~20分钟能完成问卷最好,超过30分钟后,调查对象不易保持耐心和注意力。

(4) 操作方便,排版清晰:排版字体大小、行距适中,类似问题相邻排序,如过于集中,易产生视觉疲劳。

(5) 便于数据统计分析:问卷设计在考虑调查对象的同时,也要考虑到针对预期调查能够方便开展数据分析、整理和统计。

以上关于问卷设计的时间、题量等数据,是很多专业在调研实践获得的经验值,仅供参考。实际多少合适,以实际调查对象能保证问卷质量的填答情况为准。

4. 常见问卷设计相关问题的举例　例1、例2、例3的3个问题来自某研究团队一份关于我国现代学徒制研究项目的调查问卷,该份问卷总题量不亚于一份理论考试卷,其中有些问题的指向过于偏向性,选项与问题不严谨,并与实际脱节。问题的设计让调查对象无法填答,即便其配合完成,以此结果分析得出的结论也是不够科学的。限于篇幅,在此仅选载其中几个重要问题,希望引以为戒。

例1 学徒培训过程存在的主要问题(选择、排序问题)
- 不同师傅之间教授内容一不致
- 师傅教学方法不当
- 岗位任务重
- 工作任务简单、重复,缺少学习价值
- 学生掌握水平参差不齐
- 缺少学习机会
- 师傅带学徒多,指导不充分
- 学徒培养阶段与学校学习脱节
- 设备紧张,资源不够用
- 其他

例1的问题设计带有明显偏向性,全部选题偏向负面,是根据调查者主观认为学徒培训应该存在的问题作为选题,没有考虑到实际中如果所设计问题不存在,调查对象要实事求是不填答此题,就不能提交,要么随便填答,为保证答卷的真实有效,应增加正面选题或增加一个选题:以上问题都不存在。

例2 师傅指导内容(选择并按重要性排序)

*企业的基本情况

*企业生产的各类产品与提供产品的各类服务

*企业中各生产/服务岗位及其相互之间的关系

*工作过程中的经验与诀窍(如有,请举例_____)

*面对不同的客户需求时如何设计和选择最优的产品或服务方案

*在工作中遇到实际问题时如何快速决策和处理

*工作中要求的基本品质和精神

*个人职业生涯发展指导

*岗位操作技能

*相关设备的使用方法

*工作中涉及的原理性知识(如有,请举例_____)

例2该问卷设计是面向所有学徒制试点专业的,其调查的目的是想了解师傅重点指导哪些内容(选择并要求按重要性排序)。而该问题设计选题更多是针对工科专业,且有些不属于师傅指导内容,让面向服务类的其他专业有些无所适从。

例3 师傅培训

　★培训频率:□没有　□偶尔　□经常

　★培训计划:□有　　□没有

　★培训内容:□教育理论　□学徒管理

　　　　　　□教学方法　□法律法规

例3选项设计不严谨也不科学,培训频率应该对应数据,培训内容的选项与我国现代学徒制专业的培训内容脱节,更像是由师范类专业的调查问卷修改的。问卷问题设置可以学习借鉴,但应根据本专业实际要求精心设计,不可以照抄,敷衍了事。

例4 某专业关于毕业生的调查问卷

　※ 您是否还在从事与专业相关的工作?

　※ 您转行的原因是什么?

　※ 您从毕业至今换了几次工作?

※ 您目前就业的行业是什么？
※ 您目前就业的岗位名称是什么？
※ <u>您所在企业的性质是什么？</u>
※ <u>您所在企业的人员规模是多少？</u>
※ 您目前的薪资水平是多少？
※ 您目前的职业规划是什么？
※ <u>您认为学校所学知识在工作中的利用率是多少？</u>
※ <u>您认为学校哪方面建设较好（教师水平、教学设施、校风校纪、专业拓展活动、考核等方面）？</u>
※ 您认为本专业需要加强的是什么？（创新创业教育、人文素养培养、职业生涯发展指导、工作岗位实践时间、教师的实践指导能力、理论知识培养等方面）

例4只是把调查者要调查的问题简单罗列出来，其中标记下划线的问题让毕业生难以回答，即使得到调查结果，也不便进行数据分析与统计；并且问题题型单一，且全为问答题，很容易让调查对象产生畏难情绪而不配合调查。

例5 某专业人才需求设计的问卷（问题之一）

你所在企业的基本信息

某岗位人员学历人数

本科　　人，专科　　人，高中　　人，中专　　人，初中　　人

某岗位人员职业等级证书取得比例

高级技师　　人，技师　　人，高级工　　人，中级工　　人，初级工　　人

培养出可以独立操作工作的称手焊工需要多久

培养出可以独立操作工作的称手焊工需要多少资金

中专毕业生在工作中有哪些优势

例5问题设计应考虑如何使结果的数据便于统计和分析，如规定一组可供选择的答案，这样可使统计的数据结果便于分析。例如一些问题下可按照调查目的设置选项，"×××岗位人员学历人数"修改为"某岗位人员专科学历人数占比：A. 10%以下、B. 11%～30%、C. 31%～50%、D. 50%以上"；"某岗位人员职业等级证书取得比例"，下面的选项为"高级技师＿＿＿人"，由于该问题没有限制调查对象是按具体的人数还是按比例填答，有可能出现按百分比和具体人数两种填答，因此需结构化处理后才能做分析与统计。

例6 在求职过程中最困扰的问题是什么(可多选)

A. 个人能力不足　　　　　　　B. 学校就业指导不够(包括就业信息不足)
C. 求职方法缺少技巧　　　　　D. 缺乏工作经验　　　E. 缺乏社会关系
F. 用人单位选拔不公正　　　　G. 对企业岗位缺乏了解
H. 对企业用人标准缺乏了解　　I. 没有及时的求职信息来源　　J. 其他

例6问题为多选题,建议增加排序要求,那么调查对象填答选项就会优先选择最困扰的因素。

(三) 调研其他材料的准备

1. 访谈提纲　到企业实地访谈是深入了解企业需求的有效途径,到访前应提前告知企业到访的目的、时间、内容等,以便受访企业安排并通知受访对象,受访对象根据访谈内容提前准备好资料及相关信息。一般以访谈提纲形式书面告知,以引起受访对象的重视。

2. 资料和工具　实地访谈也是问卷调查的最好补充,有些重要问题以问卷形式不能解决,需要通过访谈的形式面对面了解确定;同时为了后续工作保持联系,也需要留存相关的信息和资料,故应准备好访谈记录的资料及工具等(摄影、录音、受访谈对象信息表、笔记本等),做足做好准备工作,提高访谈实效。

二、组织调研

(一) 调研主要形式

1. 在线问卷调查　调查对象为本专业近3届毕业生、在校生、其他院校相同专业的毕业生;行业企业技术岗位和管理岗位一线员工。

2. 现场访谈　调查对象为行业企业管理者、企业人力资源管理和培训管理等部门负责人、毕业生。

3. 网络调查　借助大数据+互联网等平台收集数据。

(二) 调研样本分布

1. 学生样本　在校生和毕业生样本全覆盖。

2. 企业样本　在不同区域有代表性的企业随机抽取。

3. 其他学校样本　从不同区域有代表性的院校随机抽取。

(三) 调研要点与沟通技巧

1. 做足准备工作　问卷发放或访谈前,先与调查对象充分沟通,让其了解调查目的、方法、对象及内容,在对方做好准备且有足够时间的情况下才开展现场访谈。

2. 沟通技巧　通过沟通取得调查对象的配合是开展调研的前提,无论书面还是言语沟通都应注意沟通礼仪和方式。开场白太长、赞美过度等行为会让人觉得浪费时间和虚伪。应做到运用礼貌的称谓、适度的赞美和肯定,这样做让对方感觉被尊重和需要,心情愉悦,从而为接下来进入正式内容的沟通做好铺垫。

3. 选择适合的时间和方式　先以微信或短信咨询方便沟通的时间和方式,尽量不占用休息或工作繁忙时。简要说明开展调研的意图,并且态度和语气让对方感觉到虚心、真诚。

4. 营造良好的访谈氛围　现场访谈是通过与访谈对象进行有效沟通,从而获得职业岗位、人才需求、岗位标准以及行业企业发展新技术、新要求等与人才培养有关的信息。有效沟通受环境氛围、与访谈对象之间融洽程度等因素的影响。因此,访谈要做好准备,下足功夫,掌握灵活的沟通技巧,精心营造良好的交谈氛围,拉近与访谈对象的距离。

(1) 彼此建立心理信任:首先以共同关注的话题为切入点。学校教师作为到访者,应以虚心、学习的态度,认真倾听和记录;对方发言时不要随意打断或否定;注意提问的技巧,包括语气、语速、语调等。企业作为访谈对象,应放松心情,畅所欲言。成功访谈对后期形成职业生涯发展路径尤其重要。

(2) 访谈准备:提前1周左右与访谈企业负责人取得联系,说明访谈目的,确定到访最佳时间(以对方最方便时为宜)。事前尽量了解访谈企业基本情况、相关人员基本信息,准备好访谈问卷和笔记本等,做足准备工作。

(3) 现场掌控:访谈的过程中注意观察,对不善于言谈者,可营造语境,启发表达,不"冷场"。对于发言积极但只按个人想法表达者,应把握提问时机,及时引导围绕主题发言,提高访谈效率。

(4) 深度访谈:对适合参加后期职业能力分析和课程体系构建会议的访谈对象应进一步交流,介绍职业能力分析及课程转换的意义,了解其参加后续课程体系构建的兴趣,以决定是否发出邀约。

(四) 形成职业生涯发展路径

面向行业企业开展供需调研(毕业生调研、企业访谈、大数据调研等),获得本专业就业岗位(群),形成"某专业职业生涯发展一般路径"表。如发现就业领域广泛或岗位名称不统一等情况,需广泛征求专家意见,最后形成有代表性、普适性的"毕业生职业生涯发展一般路径"表(表1-3-2、表1-3-3),为下一步确定职业能力分析目标岗位奠定基础。

表1-3-2 中职汽车运用与维修专业职业生涯发展一般路径

发展阶段	就业岗位					学历层次	一般发展年限
	汽车美容服务行业						
	销售岗位	喷漆岗位	美容岗位	维修/养护岗位	装潢岗位		
Ⅶ	合伙人（经理）					中职	3年以上
Ⅵ	市场总监	技术总监				中职	2~3年
Ⅴ	大区经理	班组长			技术主管	中职	2年以上
Ⅲ	区域经理	喷漆大工	美容大工	养护/维修大工	装潢大工	中职	1~2年
Ⅱ	业务主管	喷漆中工	美容中工	养护/维修中工	装潢中工	中职	6~12个月
Ⅰ	业务员	喷漆小工	美容技工	养护/维修中工	装潢小工	中职	3~6个月

表1-3-3 医学美容技术专业毕业生职业生涯发展一般路径

发展阶段	学徒岗位	就业岗位						学历层次	一般发展年限（参考时间）	
		美容保健服务行业			医疗卫生行业				中职	高职
		销售岗位	管理岗位	技术岗位	销售岗位	技术岗位	服务岗位			
Ⅵ		品牌总监	区域经理	总经理	咨询组长	运营经理	会员总监	高职	10年以上	8年以上
Ⅴ		市场总监	会所经理	技术总监	现场咨询	主管/组长	会员副总监	高职	8~10年以上	5~8年
Ⅳ	店长/技术主管	见习总监	店长	技术主管	电话咨询	医助技师	客服经理	高职	5~8年	3~5年
Ⅲ	培训讲师/美容顾问	培训讲师/美容顾问	店长助理	美容师（高）	网络咨询	护理师/美容师	销售经理	高职	3~5年	2~3年
Ⅱ	美容导师	美容导师	美容师（中）	咨询助理	护理师/美容师	销售主管		高职 中职	2~3年	1~2年
Ⅰ		见习美容导师	美容师（初）	导诊/导医	导购			中职	1~2年	6~12个月

注："发展阶段"是将职业发展分为若干岗位层级，每一岗位层级发展年限因各专业的具体情况而不同，发展年限仅供参考。

职业能力导向课程及教材开发指南

第三节　职业能力分析

目前,国家还没有统一的职业能力标准,因此,组织行业企业和学校的课程专家召开职业能力分析研讨会,采用头脑风暴、企业调研、咨询专家、个案分析等方法,对主要就业岗位进行职业能力分析,是获得职业岗位标准、开发课程的有效途径。

一、职业能力分析会的前期准备

课程开发组织者按职业能力分析行业企业专家研讨会的流程与要求,提前做好会议准备,确保会议顺利进行;另外,务必提前联系专家、主持人,进一步对会议相关事宜进行沟通与确认。

(一)人员准备

主持人与参会专家的相关工作经验,是职业能力分析研讨会成果形成的关键要素,专家是否来自相关岗位且熟悉岗位工作内容至关重要。

1. 会议主持人

(1)会议主持人的要求:担任职业能力分析会的主持人,应对职业教育有较为深入的研究与实践,熟悉职业能力开发的方法与路径;思维敏捷,归纳能力及应变能力强;有较强的语言表达能力和会场把控能力,善于启发和引导专家针对岗位工作任务进行分析和表达。

(2)邀请会议主持人:至少提前1周与拟请会议主持人联系,与其确认能否担任本次会议主持。将邀请函、调研形成的职业生涯发展路径、参会专家信息等会议资料发给主持人,与主持人沟通会议时间、场地及会议流程安排(时间、场地)等会务工作,完善会议通知。

2. 职业能力分析参会专家的要求　参加职业能力分析会的行业企业专家,对行业背景和相关岗位工作经历、对企业员工岗位职业生涯发展,以及本专业学生就业岗位(群)工作流程及内容的熟悉程度等具有一定认知是进行职业能力分析的基本要求。

应尽量从行业中处于领先地位的企业,或员工培训体系较为完善的企业选择参会专家,且专家也乐意并能保证时间参与职业能力分析会。行业企业参会专家的基本要求如下。

(1)有3~5年相关岗位工作经验,目前仍在职业能力分析的目标岗位就职并熟悉岗位工作内容。

（2）熟悉与本专业相关的岗位及岗位晋升要求。

（3）有较强的归纳和表达能力，能够在主持人的启发下，将岗位工作内容与工作任务进行梳理并清晰表达。

（4）善于沟通，在会议中能够积极热情地参与互动和讨论。

3. 联系相关企业负责人

（1）确认拟邀参会专家相关信息：与企业负责人或专家联系，确认参会专家相关信息(表1-3-4)，以便按职业能力分析会的要求，与拟邀请参会的专家进一步沟通。

表1-3-4　职业能力分析行业企业专家信息表

序号	姓名	岗位	职务	岗位工作年限	联系电话	单位	备注
1							
2							
…							

注：岗位及岗位工作年限应填写现任岗位及从事现任岗位的时间。

（2）邀请参会专家：每个岗位至少邀请2名专家参会，提前将参会专家邀请函、会议流程、职业能力分析表（空白表格、样表）、职业能力陈述用语等会议资料发给参会专家，确保专家在会前有足够时间准备。以电话或微信等方式与专家联系，确认会议资料收到后，提示其注意参会的主要任务，强调熟悉"职业能力分析表"样表，并按样表填写所熟悉岗位的职业能力分析表的初稿。最好在会议召开前组织专家进行现场观摩，感受职业能力分析会的会场氛围，借鉴经验。会前专家准备是否充分将直接影响职业能力分析会的效率。

（二）会务准备

1. 会务准备工作的分工

（1）组织者：主要负责制订工作方案、布置会场、邀请及接待（领导、专家、列席人员）、维持会场秩序（会场不能接听电话、手机调为振动、列席人员不得发表意见、下面不开小会）。

（2）主持人：主要负责协助组织者制定会议流程，并把握好会议现场的时间、氛围调控，引导职业能力分析研讨会专家抓住主要问题进行讨论。

（3）记录员（电脑记录一人、辅助记录员一人）：负责全程记录。能熟练使用

Excel 并快速录入文字,最好熟悉本专业,能尽量快速、准确、完整地按职业能力分析表的格式将专家表达的内容记录下来。

2. 场地布置与用品的准备 根据职业能力分析研讨会要求,提前布置好会场,务必保证投影、电脑及语音等重要设备能正常使用。如采用在线编辑记录,需保证网络稳定,电脑台数与参会专家人数匹配。

二、召开职业能力分析研讨会

(一)会前说明与氛围营造

主持人首先向专家们简单介绍会议的背景、目的、行业专家的作用与职业能力分析的意义,尽快进入职业能力分析与研讨环节,以保证有足够时间进行职业能力分析,提高会议效率。

1. 职业能力分析方法概述 主持人讲解职业能力分析"二维四步五解"法的基本方法及操作步骤,以职业能力分析表(样表)说明工作项目、工作任务、职业能力表达要求及规范,使专家熟悉职业能力分析"二维四步五解"法的要领。

2. 营造会场氛围 主持人设法营造轻松而热烈的会场氛围,调动参会专家的积极性,在主持人的引导下,专家充分发表个人见解,尽量将本专业毕业生主要就业岗位工作内容、要求、流程等全部内容表达出来。行业企业专家是职业能力分析的主角,学校专业教师等其他参会人员应认真倾听,做好笔记,尽量不发表意见,特别注意不要将原有学科体系的教材内容作为工作任务进行分析。

(二)确定职业能力分析目标岗位

准确定位职业能力分析目标岗位是课程开发过程中最为重要的基础性工作,其结果对后续课程开发起着决定性作用。实践证明,针对主要就业岗位进行职业能力分析并开发的课程,是实现人才培养既符合企业需求又满足学历教育要求的重要手段。该环节主要是通过头脑风暴,让专家从本专业"毕业生职业生涯发展一般路径"表中找出主要就业岗位;一个专业一般有 4~6 岗位(群)。接着,将"毕业生职业生涯发展一般路径"表中发展年限为 3 年及以下的主要就业岗位,作为职业能力分析目标岗位进行分析,进而开发课程、构建课程体系,最终实现人才培养要求。

值得注意,主要就业岗位的层级过高或岗位(群)过多,会造成职业能力转换的课程内容和课程门类过多,3 年学制难以完成。相反,岗位层级过低或岗位(群)过少,也会造成转换的课程内容和课程门类过少,虽可满足企业岗位培训的需要,但难以达到学历教育的要求。

(三) 职业能力分析与研讨

职业能力分析是课程开发过程中的关键环节,该环节形成了课程开发主要成果及特色,其结果直接影响后续工作。

在主持人的引导和启发下,经过头脑风暴,专家们将所有岗位日常工作或阶段性工作所涉及的内容进行梳理,依次分析、归纳出每一个岗位的工作项目、工作任务并达成共识,然后分组进行工作任务的职业能力分析。具体方法与步骤如下。

1. 工作项目分析方法要点 按岗位工作的流程或步骤相对独立的工作领域进行分析、归类,整理出岗位对应的工作项目,也可以按工作内容大类或工作对象进行梳理。采用什么方法梳理,没有统一规定,以符合逻辑、内容不重复也不遗漏为原则。一个岗位约有 5 个项目(经验值,供参考),用名词或词组表达,注意工作项目之间应有逻辑联系,但内涵不交叉重叠。工作项目可以再细分为工作任务,如工作项目分解不到位,将直接影响后期工作任务的分解。如果工作项目数过多,可能造成工作任务难以细分;而项目数过少,则工作领域过于笼统,不便划分工作任务。因此,要特别把握好工作项目的梳理。

2. 工作任务分析方法要点 在对工作项目的分析与表述达成共识后,再将每一个工作项目细分为工作任务。工作任务是具体的、客观存在的、有代表性的,是项目的进一步细化,也是具体工作内容的归纳,应以名词+动词的形式表达。一般以工作流程或步骤为主线梳理工作任务,将职业能力要求相同的工作流程或步骤进行归类和重组,1 个项目约分解为 5 个工作任务(经验值,供参考)。每个工作任务应有相关的能力点支撑。如工作任务间有交叉重复的情况,则需重新检查项目梳理过程。

3. 职业能力分析方法要点 主持人以 1~3 个有代表性的工作任务为例,示范职业能力分析的方法,启发专家从素质、知识、技能、方法和工具 5 个方面分析每个工作任务对应的职业能力,并以动宾结构的简短语句进行条目化、规范、准确的表达。在讨论过程中,主持人尽量创造融洽轻松的氛围,使所有专家都能独立思考、积极发表个人见解、参与研讨并最终形成本专业职业能力分析"样表"。

然后按岗位(群)分组进行职业能力分析,每组有 2 名以上专家,从初级岗位开始,参照"样表"完成所有目标岗位的职业能力分析。在分组分析讨论期间,主持人应及时跟进各组分析进度,针对存在的问题进行解答和指导,最后形成各岗位职业能力分析表(表 1-3-5)。

表1-3-5 城市轨道交通运营管理专业客服中心岗岗位能力分析表

工作项目		工作任务		职业能力		能力要求	
项目编号	项目名称	任务编号	任务名称	能力编号	能力名称	高	中
02	票卡处理	02-01	单程票票卡处理	02-01-01	掌握单程票付费区票卡处理(超时、超程、无进站码等),并确认操作步骤无误	高	
				02-01-02	掌握单程票发售处理(爱心票、单程票、出站票、学生票等),并确认操作步骤无误	高	
				02-01-03	掌握单程票非付费区票卡处理(已有进站码、余额不足等),并确认操作步骤无误	高	
		02-02	储值类票卡处理	02-02-01	掌握储值类票卡付费区处理(余额不足、无进站码等),并确认操作步骤无误	高	
				02-02-02	掌握储值类票卡非付费区处理(已有进站码、余额不足等),并确认操作步骤无误	高	
				02-02-03	掌握储值类票卡包含内容(老年卡、学生卡、计次卡、日期票等),并确认操作步骤无误	高	
		02-03	电子票票卡处理	02-03-01	掌握电子票票卡付费区处理(无进站码、是否是非首次使用等),并确认操作步骤无误	高	
				02-03-02	掌握电子票票卡非付费区处理(已有进站码、是否是非首次使用等),并确认操作步骤无误	高	
03	票务设备操作	03-01	BOM操作	03-01-01	掌握BOM系统操作(如何登录、如何更新票卡、如何发售票卡等)	高	
		03-02	TVM操作	03-02-01	掌握TVM基本操作(如何登录TVM系统、如何装卸载钱箱等)	高	
		03-03	AGM操作	03-03-01	掌握AGM基本操作(如何登录AGM系统、如何装卸载票箱等)	高	
		03-04	SC操作	03-04-01	掌握SC基本操作(如何登录SC系统,基本元素的含义等)	高	
		03-05	币卡清点设备操作	03-05-01	掌握点钞机、点币机、分钞机及票卡清点机操作	高	
04	票务安全管理	04-01	执行安全管理规定	04-01-01	熟知车票安全管理规定		中
				04-01-02	熟知现金安全管理规定		中
				04-01-03	熟知客服中心安全管理条例		中
		04-02	票务安全	04-02-01	掌握并执行票务规章制度		中
				04-02-02	能够确保车站现金(票款、备用金)存放安全		中
				04-02-03	能够确保车站现金(票款、备用金)运送安全		中
				04-02-04	能够确保车站现金(票款、备用金)交接安全		中

(四)整理会后资料

1. 完善职业能力分析表 会议集中行业企业专家的智慧,完成了各岗位工作项目、工作任务及职业能力的分析。由于会议研讨时间有限,形成的职业能力分析表难免存在表述不确切、不规范,职业能力遗漏或不完整等问题,会后需进一步检查核对,运用规范的职业能力术语和表达进行修正、补充、完善,形成更科学、规范、准确、完整、有代表性的"职业能力分析表"。

2. 形成"职业能力分析汇总表" 用 Excel 记录各岗位的"职业能力分析表",需汇总并对其进行编号,形成本专业的"职业能力分析汇总表"(表1-3-6),方便后续开发工作核对和使用,具体编号方法如下。

表1-3-6 医学美容专业职业能力分析汇总表(节选)

工作项目	工作任务		职业能力 (技能、工具、方法、要求、知识)	学习水平	
				中职	高职
				Li	Li
03 熟悉项目及操作流程	03-02 面部护理流程及话术	03-02-16	体验面部清洁感受、效果对比(看、摸)	L1	L1
		03-02-17	用规范手法拍(涂)爽肤水	L1	L1
		03-02-18	用修眉工具(剃、刮、剪、拨)修整眉型	L1	L1
		03-02-19	用物理(针清)或化学方法(产品)祛黑头	L1	L1
		03-02-20	正确选用面部按摩介质(按摩膏/乳等)	L1	L1
		03-02-21	按照面部按摩原则、手法要求(柔软、服帖、连贯、持久、均匀)及步骤规范操作	L2	L2
		03-02-22	熟练运用按摩用力方法、速度、技巧	L3	L3
		03-02-23	熟悉点穴位(定位准确,单侧不少于12个,施力轻-重-轻节奏,力度适中)	L1	L1
		03-02-24	使用仪器导入精华	L1	L1
		03-02-25	敷膜(面膜取量和加水适量,厚薄均匀、光滑,边缘整齐,周边无污染)	L1	L1
		03-02-26	用规范手法涂眼霜、面霜、防晒霜	L1	L1

(1)工作项目用"01、02、03…"编号。

（2）工作任务用"01-01、01-02、01-03…"编号，"-"前面的数字是工作任务所在的工作项目的编号。

（3）能力用"01-01-01、01-01-02、01-01-03…"编号，第1个数字是能力所在工作项目的编号，第2个数字是能力所在工作任务的编号，第3个数字是能力的编号。

如用"专业标准建设平台"在线录入，系统有自动汇总和编号功能，选择从平台导出"职业能力分析表汇总表"即可。

3. 形成"职业能力标准" 针对目标岗位进行职业能力分析所获得的"职业能力分析表"，其中每个工作任务对应的职业能力应从专业能力和职业素养两个维度考虑，再从完成工作任务应具备的技能、工具、方法、要求、知识5个方面解析。尽管主持人在职业能力分析研讨过程中提醒专家注意全面分析表达的重要性，但由于参会专家大多来自岗位一线，更熟悉技能和工具方面的要求，加上时间有限，所形成的"职业能力分析表"往往侧重于体现显性技能要求，而对于相关基础知识或隐性能力等素质方面的要求略显不足。

为此，应进一步将行业标准、职业资格标准及岗位标准融入"职业能力分析表"，按照系统化、精确化的要求，对职业能力进行补充、完善，形成融入了行业、职业岗位最新要求的"职业能力分析汇总表"；再广泛征求行业企业有关专家的意见，形成本专业的"职业能力标准"，以此作为课程开发的依据，所开发的课程才能满足学历教育要求。

4. 职业能力分析注意事项

（1）职业能力分析表在汇总的时候，避免重复记录。如不同岗位，可能有完全相同的工作项目、工作任务及能力要求，在汇总时只保留一条。

（2）"职业能力分析表"是课程体系构建的重要依据，内容应具有普适性和代表性。

（3）对于职业能力的表述要求既科学、规范、严谨，又切合实际。

（4）通过统计职业能力分析表的工作项目、工作任务、职业能力的总数，评估职业能力分析效果。一般职业能力点宜细不宜粗，如工作任务和职业能力数目过少，则课程内容相应减少或容易交叉重复，难以达到学历教育要求。

举例 通常一个专业面向4~5个岗位（群），3个岗位层级，1个岗位分解为3~5个工作项目，1个项目细分为5个左右工作任务。以一个层级4个岗位为例做计算。

工作项目总数为36个：3(岗位层级数)×4(岗位数)×3(最少项目数)。

工作任务总数为180个：36(工作项目数)×5(工作任务数)。

显然，该例的工作任务数如果明显少于180个，有可能出现遗漏；如远远超过180个，其工作任务可能有重复或把非目标岗位的工作任务也计入其中。

总之，针对岗位的"职业能力分析"结果，应与特定学历层次人才培养目标的定位对应，体现特定学历层次的能力要求。

（5）"职业能力分析汇总表"达到要求后，方可进入课程转换与课程体系构建环节。

5. 职业能力分析的关键要素

（1）主持人的应变能力和对现场的把控能力，以及善于启发专家表达的能力。

（2）行业企业参会专家熟悉岗位工作，能够在主持人的引导下尽快梳理出工作项目和工作任务，并分析职业的能力。

（3）参会人数适中。头脑风暴法的效果受会场氛围的影响，人数太少，没有气氛；人数太多，会议的时间不便把控。一般参会专家12~14人的会场气氛较好，时间也较好把控。

（4）职业能力分析时间。要保证每个岗位有足够时间给专家进行分析和讨论。一般一个岗位(群)的分析大约需要一天时间。

（5）记录员与主持人的配合度。运用头脑风暴法，记录员能与主持人具有良好配合，及时记录并根据大家的讨论对记录进行调整和修改，可以让主持人注意力集中在引导专家发言上面。反之，如果记录员要主持人时不时地提醒才记录，则职业能力分析的效率就会受影响。

（6）会前与参会专家的深入沟通。组织者会前与主持人和参会专家的充分沟通以及深入了解非常有必要。一方面让专家做好参会准备，另一方面确保参会专家准时参会。

第四节　课程体系构建与课程转换

在通过前期广泛调研、职业能力分析获得本专业"职业能力标准"的前提下，召开课程体系构建与课程转换专家研讨会，该环节是系统开发课程，构建突出能力本位的课程体系，有效解决人才培养与需求脱节，促进产教融合、校企合作，全面提升人才培养质量的重要途径。

一、会前准备

(一) 邀请参会专家与主持人

1. 专家数量及来源　为营造热烈且可控的会场气氛,参会的校企专家总人数一般为 12～14 人(1∶1),均来自学校和行业企业一线岗位。校企专家工作背景不同,对课程体系及课程内容的认识角度有可能不同,因而关注点各有侧重。企业专家对课程内容与要求更注重实用性,易忽略系统性;而学校专家侧重学科的系统性,对内容的实用性以及新知识、新技术了解相对较少或不够具体。为此,尽量从有代表性的多家企业和院校邀请参会专家,以发挥各自优势。

2. 专家的要求

(1) 行业企业专家必须是直接从事岗位一线工作,责任心强、细心、耐心,愿意参与且时间保证。专家尽可能来源于行业企业培训部门、人力资源部门一线工作岗位,有岗位培训或带教经验、员工招聘与培训管理经验。

(2) 院校专家:必须熟悉本专业课程及课程体系,了解人才培养目标、培养规格的规范表达形式。如本专业有不同层次学历教育,则专家应包括中、高职院校,课程开发对应学历层次的院校专家占多数(约 3/4),且尽可能来自不同地区院校专业负责人或骨干教师。

(3) 主持人的要求:有相关会议主持经验,应变能力和归纳能力强;熟悉基于职业能力分析的课程转换方法(直接法、转换法、提炼法);善于提问,能快速启发专家提炼典型工作任务;有较强的会场组织、协调能力。

(二) 会务准备

1. 资料准备与发放　会议组织者至少提前 1 周将"职业能力标准汇总表"等相关资料发给参会专家,提醒专家们提前熟悉"职业能力标准汇总表",为使其在课程转换研讨会中能积极发表个人见解,应让参会专家有足够时间准备会议。资料包括职业能力分析汇总表、典型工作任务(示例)、课程体系(示例)等。

2. 硬件设备准备与调试　会前检查投影和语音设备,保证所有设备使用正常。如果运用课程开发平台,必须保证网络畅通,专家一人一台电脑。

二、召开会议

通过课程体系构建及课程转换校企专家研讨会,确定本专业的典型工作任务,明确人才培养目标和培养规格;构建课程体系及专业课程模块中的课程,实现课程内容与职业能力对接。

(一) 会议概述

1. **会议内容与要求** 主持人概述本次会议的目的与意义,介绍参会专家,并说明会议流程与内容要求,会议具体安排,如上午完成典型工作任务提炼、人才培养目标、培养规格的规范表述;下午进行课程设置及学时分配研讨,以及课程与能力对接。

2. **课程体系结构概述** 主持人简要说明课程体系的组成(图1-3-1),其中公共基础课程模块包括文化素质课程与思想政治课程,课程门类及学时由国家统一规定;专业课程模块的课程包括专业技术技能课程、企业课程和拓展课程。本次会议会研讨专业技术技能课程模块和企业课程模块的课程转换与能力对接。

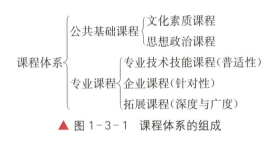

▲ 图1-3-1 课程体系的组成

3. **课程设置的原则与要求**

(1) 课程体系构建与课程转换原则中强调能力核心、基础通用。

(2) 专业技术技能课程模块的设置应具有普适性,课程内容是本专业主要就业岗位应具备的基础知识和基本技能。

(3) 企业课程的设置则应具有针对性,课程内容以满足合作企业个性化需求为原则。

(4) 课程体系构建应遵循学生的认知规律,将学历教育标准与职业能力标准有机融合,学历证书与相关职业资格证书相结合。

4. **课程转换与要求**

(1) 基于职业能力的课程转换:必须以前期形成的"职业能力标准汇总表"为重要工具,按照典型工作任务的指引,采用头脑风暴法和转换法(直接法、组合法、提炼法),将支撑典型工作任务的职业能力转换为若干门专业技术技能课程和企业课程。

(2) 转换的课程与典型工作任务的关系:①一对一,即一门课程支撑一个典型工作任务；②一对多，即一门课程内容对应多个典型工作任务；③多对一，即多门课程支撑一个典型工作任务。

5. **课程内容与能力对接要求** 必须保证环境氛围安静，让专家独立思考，将"职业能力标准汇总表"中的工作任务对应的职业能力与各门课程关联，从而实现课程内容与能力的对接。具体做法是采用纸片张贴法或表格对应法，从"职业能力标准汇总表"中选择与课程关联的职业能力，也就是将职业能力（编号）与关联课程一一对号入座。选择时尽量避免遗漏和重复，如果个别职业能力的重复不可避免，原则上重复不超过 3 次；职业素养的培养贯穿人才培养全过程，因此职业素养的要求不受此限制，可以重复选择。

此环节一般借助信息化工具，系统智能提示每一条职业能力选用次数，自动进行结果统计处理，较人工对接法更简单、更高效，选择结果也更准确。

（二）典型工作任务的提炼与运用

1. **区分工作任务与典型工作任务** "职业能力标准汇总表"中的工作任务与典型工作任务这两个关键词，在课程转换中具有重要作用，应注意理解，否则容易混淆。

（1）工作任务：是通过各个岗位职业能力分析获得的，是具体的、有代表性的、客观存在的，是课程学习内容选取的主要来源，如熟悉医疗器械。

（2）典型工作任务：是从工作任务中归纳和提炼出来，其描述具有明显职业特征，如医疗设备故障检测与维修。典型工作任务不一定是具体的工作任务，但一定包含具体工作任务的内容与步骤，是有挑战性、竞争性、代表性的一类工作任务的集合，是确定人才培养目标与规格的重要依据。

2. **典型工作任务的提炼与确定** 研讨时主持人讲解提炼典型工作任务的方法与要求，引导专家快速梳理"职业能力标准汇总表"中的工作任务，用案例启发专家规范准确地表述，如"承装""整车检测与交付"为汽车制造与装配技术专业的典型工作任务；"病情观察"为护理专业的典型工作任务。经过"头脑风暴"，专家充分发表个人见解，在工作任务的基础上进行归纳、重组、改造，提炼具有代表性、竞争性、挑战性的一类工作任务，并用具有明显职业特征的词组表述，即为典型工作任务。

3. **典型工作任务的重要作用** 典型工作任务来自具体的工作任务，依据典型工作任务确定人才培养目标、培养规格及课程设置，是现实人才培养与需求对接、满足行业企业及学历教育要求的重要基础。提炼并准确表述典型工作任务，对后续的课程转换十分重要。通常一个专业的典型工作任务为 10~20 个。需要注意的是,典型工作任务不是从工作任务中直接选择,而是将工作任务进行梳理和归类,重新组合或提炼形成的。典型工作任务不一定是岗位具体的工作任务,但一定包含岗位有代表性的工作任务,是多个工作任务的集合。

4. **典型工作任务与能力对接**　典型工作任务确定后,在主持人的引导下,经过"头脑风暴",专家把与典型工作任务高度关联的工作任务(编号)"对号入座",以便确定典型工作任务对应的职业能力,使后续课程内容与能力对接的选择更加精准高效。如医疗设备应用技术专业(表1-3-7),由典型工作任务"设备安装与调试"转换的课程为《医疗设备安装与调式》,该典型工作任务对应职业能力为02、04两个工作项目。接下来进行课程内容与能力的对接,就从这两个工作项目中选择与该课程对接的能力,缩小选择范围,方便专家操作。

表1-3-7　医疗设备应用技术专业典型工作任务与能力对接(节选)

典型工作任务	课程	对应职业能力(技能、工具、方法、要求、知识)
医疗设备行业与产品认知	医疗设备行业与产品认知	01-05,01-06,02-01,13
设备安装与调试	医疗设备安装与调试	02,04
用户应用指导		01-02,02-03-01,13-01-03,16-02,14-01-01,14-03

5. **确定人才培养目标与培养规格**

(1) 人才培养目标:以典型工作任务为依据,以《教育部关于职业院校专业人才培养方案制订与实施工作的指导意见》要求为指导,从思想品德素质和专业素质两个维度概述本专业人才培养目标定位。

人才培养目标的关键内容包含:培养什么人?面向什么行业的什么岗位?做什么工作?应具备什么素质和专业能力?应以国家对不同层次学历教育的人才培养要求确定人才目标与定位,且注意目标定位应与时俱进。

为提高效率,会前由专业负责人按人才培养目标和培养规格的规范表达形式和要求撰写初稿,会上由主持人组织专家研讨,对人才培养目标与培养规格的初稿提出修改意见。

人才培养目标参考模板（200字以内）：

本专业培养与我国社会主义现代化建设要求相适应，德、智、体、美、劳全面发展，面向××××等行业（企业），从事××××（岗位）等工作，具备××××（专业能力和职业素养）职业能力，以及自主学习能力，成为生产、建设、服务、管理第一线的发展型、复合型和创新型的技术技能人才。

(2) 人才培养规格：从职业素养、知识要求、能力要求 3 个维度进行条目式概述。应对准典型工作任务及核心能力高度概括，条目数没有统一规定，通常应符合突出能力本位的课程体系即可，能力要求的描述应具体、可量化、可操作。如胜任某专业主要就业岗位典型工作任务应具备的能力要求，对于具体技术技能要求达到的程度与要求应采用明确具体、操作性强的行为动词进行表述（10～15条），如使用"能够……""会做……""完成……"等词语，避免使用了解、掌握等较笼统的表述。

(三) 课程体系构建及课程转换

1. 专业课程转换与确定　以提炼的典型工作任务为目标，依据职业能力要求先确定专业技术技能模块的课程设置，再确定企业课程。课程名称尽可能用项目、工作任务特征的词组，如《医疗设备行业与产品认知》《城轨客运服务与组织》，不用或少用学科型课程名称：如××概论、××学。

(1) 头脑风暴：在主持人引导下，专家按课程转换方式，就工作项目或工作任务如何转换成课程发表个人见解，经过讨论，对课程名称、门数及与典型工作任务的对应关系达成共识。

(2) 直接转换：针对某个项目对应的能力要求，转换为学习任务和课程内容，即一个工作项目就是一门课程，如《医疗设备安装与调试》《危机公关》。一门课程内容对应一个典型工作任务。

(3) 组合：如果某个工作项目或任务对应的能力要求，转换为学习任务和课程内容不足以构成一门课程，则由多个相近的工作项目和工作任务组合成一门课程。如《医疗设备质量控制与管理》《城轨客运服务与组织》。这类课程多为专业技术课程，多门课程学习内容支撑一个典型工作任务。

(4) 提炼：当完成多个工作任务或具备这些工作任务对应的职业能力，需要先具备某一学科领域相关知识，则基于工作任务要求，以够用、实用为原则，从相关知识中提炼、组合成一门课程。这类课程多为专业基础课程，往往一门课程可以对应多个典型工作任务,例如《电工电子技术》《美容化妆品基础》。

2. 课程转换的注意事项

(1)通常以课程内容是否能够支撑典型工作任务,来评估课程是否满足3年学制学历教育的要求。如果不足以支撑,说明内容有遗漏;如超出,可能超出了学历层次或专业学习范围。为此,典型工作任务作为度量课程设置能否满足人才培养目标的"标尺",应具有普适性。

(2)综合性强的典型工作任务需要多门课程支撑。如某一个典型工作任务包含的内容较多,涉及多方面的知识和技能,则需要多门课程的学习来支撑。如"医疗设备营销"作为典型工作任务,则需要学习医疗设备、维修技术、营销技巧等多门课程,才能完成该典型工作任务。

(3)基于职业能力分析转换的课程,不仅仅是学习技术技能,掌握必要的知识同等重要,但不再是对学科的系统性学习,而是将知识碎片化融合到相应的学习任务中,突出知识的应用。

(4)转换的课程门数不限定,有的课程门数比典型工作任务个数更多,也有少于典型工作任务数的情况。课程门数多少不重要,重要的是所转换的课程内容能够满足人才培养目标的要求。专家以典型工作任务为"标尺",应反复审核所有专业课程涉及的内容是否能够实现人才培养目标。

(5)学时的分配。要求总学时不超过国家规定范围,专业课程模块以国家规范的总学时减去公共基础课程(必须保证部分)学时后,专业技术技能课程与企业课程的学时比例按8∶2分配(供参考)。

(四)课程与能力对接

1. 如何做好课程与能力精准对接　该环节中专家应独立思考,按照达到课程学习目标要求的原则来选择与课程对应的工作任务及职业能力。选少了,完不成学习目标;选多了,课程与课程之间重复交叉的内容多。因此,先从课程对应的典型工作任务关联的范围进行选择,选择的工作任务或能力点尽量不要重复。为避免遗漏或重复,对已选编号做好标记。

2. 注意把握职业能力与课程的关联度

(1)能力与课程"对号入座"原则与要求:如果工作项目对应的职业能力全是课程内容,则填写项目编号;如果不是,则从下一级工作任务选择。同理,如果工作任务对应职业能力全是课程内容则填写工作任务编号;如果不是,则从对应的第三级选择编号。课程与能力对接是否精准,将直接影响课程标准的制定及课程实施等,因此需要专家细心、耐心选择。纸片张贴法由于在操作过程中专家不便查对,目前较少使用。在能保证专家一人一台电脑的情况下,用表格对接法(表1-3-8)等信息化工具在线对接,更便捷更高效。

表1-3-8 城市轨道交通运营管理专业课程与能力对接(节选)

高职	专业技术技能课程
课程名称	城轨票务实务
主要教学内容和要求	
对接职业能力	
工作项目、工作任务及职业能力	
代码	内容
01	客服上岗
01-02	配票
01-03	结算
01-04	交接班
04	票务安全管理
05-01	票务设备故障应急
05-02	应急情况票务处理
05-19	票务应急处理
06-02	兑零
15	票务盘点
16	运营结算
19-02-01	做好票务日常工作的监督运作
20-01-01	能够准确清点客伤备用金并进行交接
20-01-03	掌握客伤备用金台账填写规范,正确填写台账

(2)课程与能力对接的取舍:原则上按少数服从多数进行取舍,但由于在对接过程中,可能专家对个别能力关联度的主观判断不一致,导致个别能力与课程对接不准。为此,不能仅凭"课程与能力对接统计表"编号统计数确定课程与能力对接结果,还必须结合编号对应的能力进一步核对。以表1-3-8《城轨票务实务》为例,"课程与能力对接统计表"中编号为05-19的内容与课程高度关联,

而编号06-02的内容与课程关联度不高,然而统计结果都显示半数以上专家选择,这种情况就应结合实际能力与课程关联度确定,则保留05-19编号,舍去06-02编号。最后,全部保留编号所对应的职业能力即为《城轨票务实务》课程对接的能力。

表1-3-8"主要教学内容和要求"不是每个编号对应能力的汇总,而是该课程所有对接能力的归纳总结,应按课程目标要求进行概述。

3. 课程与职业能力对接统计　将每位专家完成的"课程与能力对接表"结果进行汇总。遵循少数服从多数、高度关联、避免重复的原则,对每门课程与能力对接结果进行统计汇总,把一些与课程关联度不高、选择的票数少,或有重复的编号去掉,保留选择相对集中、不重复的编号对应的工作任务与能力,即以此方法确定为该课程的主要教学内容(表1-3-9)。

表1-3-9　课程与能力对接统计表(节选)

课程	工作项目		专家选项(A 院校专家,B 企业专家)									
	代码	内容	A1	A2	A3	A4	A5	A6	B1	B2	B3	合计
城轨班组管理	01-01	仪容仪表规范							1	1		2
	01-04	交接班		1								1
	05-24	日常工作汇报		1								1
	05-25	综合治理应急处理			1							1
	07-04	委外人员管理							1	1	1	3
	09-05	委外人员管理									1	1

第五节　信息工具在课程开发中的应用

系统开发课程涉及学校、企业等多个不同单位及部门,按照传统做法,需要投入大量人力和时间,同时开发过程中产生的数据和材料难以管理和使用。如果将互联网、大数据等信息技术应用于课程开发及标准研制等专业内涵建设工作,实现过程性材料处理智能化、规范化,则可以在很大程度上减少工作量,提高工作效率和质量。如由深圳市智邻科技有限公司开发的智邻"专业标准建设平台",已在 20 多家高职院校应用,其效率普遍提高 60% 以上。

一、"专业标准建设平台"的组成与功能

借助互联网与大数据技术开发的智邻"专业标准建设平台",由岗位调查、职业能力分析、课程转换 3 个系统组成。

(1) 岗位调查系统:使用网络爬虫技术,抓取海量互联网招聘信息,通过对行业需求和毕业生就业岗位的分析,获得本专业面向的目标岗位(群)。可以通过手机短信、微信等方式发起在线问卷调查,进行广泛或大样本调查,调查结果由系统自动统计、生成图表等。

(2) 职业能力分析系统:使用该系统可以在职业能力分析研讨会上进行职业能力分析的在线编辑、实时记录,以及增加、删除、插入及编号等编辑功能,操作方便,系统可以自动编号,快速形成职业能力分析表,大大提高了记录效率。

(3) 课程转换系统:使用该系统进行课程转换、课程体系构建、课程与能力对接,可实现在线编辑、保存有效记录、自动计算学时和学分等;系统对职业能力的选择可以智能提示及动态关联,方便专家操作,提高了课程转换的效率。

二、"专业标准建设平台"的应用

用浏览器(推荐使用谷歌浏览器)登录智邻"专业标准建设平台"(平台登录地址:http://mc.ve-city.com),再按步骤操作(图 1-3-2)。

▲ 图 1-3-2 智邻"专业标准建设平台"主页面

（一）供需调研

按平台操作步骤进入"岗位调查系统"界面，完成行业企业供需调研、毕业生调查、在校生调查、相关院校调研及现场访谈记录管理等工作。具体操作步骤详见"岗位调查系统操作指引"。

▲ 1-3-1
岗位调查系统
操作步骤

（二）职业能力分析

按平台操作步骤进入"职业能力分析系统"界面，选择上传文件或手动编辑方式，将前期调研获得的"职业生涯发展路径"录入该系统，再按"职业能力分析操作指引"进行在线职业能力分析与记录。系统可以自动保存录入内容，职业能力分析结束后，查看已录入的"职业能力分析表"，可编辑或导出"岗位职业能力分析分表"或"职业能力分析汇总表"。具体操作步骤详见"职业能力分析系统操作指引"。

▲ 1-3-2
职业能力分析
操作步骤

（三）课程体系构建

按平台操作步骤进入"课程转换系统"界面，可以在线实时记录与分析典型工作任务、典型工作任务关联的职业能力编号；录入转换的课程名称及学时，系统可以自动统计，提示学时总数。

▲ 1-3-3
课程转换系统
操作步骤

（四）课程与能力对接

校企专家使用专家邀请码登录"课程转换系统"，将与课程相关的职业能力选出并关联到相关课程下，即课程与能力对接。所有专家完成课程与能力对接并退出系统后，系统自动将各专家对接的结果汇总形成"课程与能力对接表"及"课程与能力对接统计表"。

如果使用学校账号登录系统，点击进入"课程能力对接汇总"页面，可查看各专家选择进度，导出汇总表，下载所有资料。

▲ 1-3-4
课程与能力对接
操作步骤

第二部分　教材建设

第一章

职业教育教材建设改革背景

目前,我国职业教育已经进入新的发展阶段,随着产教融合、校企合作的不断深入,职业教育教材改革问题日益突出,因此,必须加强职业教育教材在职业教育发展中的重要地位,以职业教育教师、教材、教法为主的"三教"改革进入落实攻坚阶段,成为推进职业教育发展的重要抓手,"赋能"教师提升素养能力,"升级"教材推动教材改革,"激活"教法推动教学发展。

教材建设是职业院校建设的一项基本内容,高质量、实用的教材是培养合格人才的基本保证。教材是教学之本,作为课堂教学的核心教学资料,其重要性不言而喻。如何实现职业教育教材内容和形式的创新,以适应现代职业教育转型升级的需要,值得我们共同探讨。

第一节 我国职业教育教材现状

职业教育教材包括公共基础课教材和专业课程教材,本书主要探讨专业课程教材的建设(以下所指教材均为专业课程教材)。对目前职业院校使用的教材进行梳理后发现,传统教材存在以下几个方面的问题。

一、传统教材的内容陈旧

从传统职业教育教材内容来看,最大的特点就是理论知识体系完整、系统,强调纵向知识体系。然而却存在以下明显问题:①缺乏对于理论知识之外的包括实践流程、技术标准等技能性内容的开发编写;②教学内容落后于实际应用技术,有些知识在企业已经不再需要,学校还在继续讲授;③新知识更新不及时,行业发展迅速,教材内容更新慢,企业中已有新的产品和技术,而学校使用的教材中却没有及时添加相关知识,从而造成学生学习的知识过于陈旧。

二、传统教材的教学形式单一,与实训脱节

从传统职业教育教材形式来看,呈现形式上主要以普通纸质平面教材为主。以纸质形式呈现,缺乏立体性,知识信息传输效率较低,无法清晰地展示立体的设备结构和动态的生产过程,这也直接造成教师教学手段比较单一。部分专业课程的内容由于教材中有大量的理论知识与实际应用不对接,导致无法实现授课。职业院校所传授的知识在实际中没有可应用的机会,学用"两张皮",课堂理论教学与实训脱节,学生在校学习的理论知识没有机会及时操作实践,导致在实训课操作时无法得心应手。

三、传统教材定位不清,缺乏职业特色

多年来,由于缺乏具有显著职业特色的实用教材,一些职业院校一直借用本科教材或本科教材改编的浓缩版。然而,职业教育与本科教育在人才培养的目标与方法上有较大差异,职业教育教材侧重于岗位能力的工艺流程、技术标准、操作规范、安全须知、实训(实验、实习)指导等内容的传授,这些正是职业人才培养所必须掌握的技术技能知识。而本科教材侧重理论知识系统性传授,实践内容较少,与职业院校学生技能培养的特点及需求不符,给教与学带来一定困难,严重影响教学质量。

四、编写的作者队伍单一

传统教材几乎清一色地由职业院校教师编写而成,而原有职业院校教师大多是学科体系培养出来的,对知识体系和学科体系比较熟悉,但对岗位任务体系下的技术技能教学没有体验和实践,更没有系统的指导思想和方法,尤其对于企业实际和行业特点认知不足。而更熟悉技能应用的行业企业专家未参与编写,这在一定程度上制约了职业院校教材的实用性与先进性。

五、学生使用未收到预期效果

职业院校学生知识结构偏低,理解能力不强,并且职业教育目的在于培养学生职业技术技能及理论知识的应用能力,传统教材内容及形式没有充分考虑职业院校学生的认知特征和培养目标。因此,客观上造成学生对教材的使用率低,且使用深度浅,教材最终并没有成为职业院校学生获取技能的有效途径。调查分析显示,约八成学生认为教材"原理过多、过深、不理解""与基础教育阶段所学

知识没有衔接""无趣味性"。

传统教材以教师教学为主体,至于学生学习效果的鉴定则以理论知识考试成绩为主,学生只是教材被动的受体,而不是对教材能动地实践创造的主体。这也造成学生毕业到岗位工作后,对工作的操作技能不熟悉,无法直接上手投入岗位工作,还需要企业对新员工进行全面技能培训。

第二节 校企合作开发教材的迫切性

一、职业教育改革与发展的要求

2019年国家出台了一系列职业教育改革文件,多次提到教材改革内容。如表2-1-1所示。

表2-1-1 2019年国家关于职业教育教材改革文件汇总

时间	发布部门	文件名	涉及教材改革的主要内容
2019.1	国务院	《国家职业教育改革实施方案》	职业院校应坚持知行合一、工学结合,建设一大批校企"双元"合作开发的国家规划教材。倡导使用新型活页式、工作手册式教材并配套开发信息化资源。每3年修订1次教材,其中专业教材随信息技术发展和产业升级情况及时动态更新。鼓励职业院校与行业企业探索"双主编制",及时吸收行业发展新知识、新技术、新工艺、新方法,编写一批精品教材
2019.3	教育部 财政部	《关于实施中国特色高水平高职学校和专业建设计划的意见》	校企共同研制科学规范、国际可借鉴的课程标准,将新技术、新工艺、新规范等产业先进元素纳入教学标准和教学内容,建设开放共享的专业群课程教学资源和实践教学基地,深化教材与教法改革
2019.5	教育部办公厅	《关于全面推进现代学徒制工作的通知》	就"总结现代学徒制试点经验,全面推广现代学徒制"提出工作通知:充分发挥校企双方的场所、设备、人员优势,共同开发一批新型活页式、工作手册式教材并配套信息化资源,及时吸纳新技术、新工艺、新规范和典型生产案例,形成共建共享的教学资源体系

续 表

时间	发布部门	文件名	涉及教材改革的主要内容
2019.6	教育部	《关于职业院校专业人才培养方案制订与实施工作的指导意见》	课程内容应紧密联系生产劳动实际和社会实践,突出应用性和实践性,注重学生职业能力和职业精神的培养;强化课程思政,积极构建"思政课程＋课程思政"大格局,推进全员、全过程、全方位"三全育人",实现思想政治教育与技术技能培养的有机统一,发挥专业课程承载的思想政治教育功能;健全教材选用制度,选用体现新技术、新工艺、新规范等的高质量教材,引入典型生产案例,总结推广现代学徒制试点经验
2019.9	教育部办公厅等七部门	《关于教育支持社会服务产业发展 提高紧缺人才培养培训质量的意见》	在国家规划教材建设中,加大社会服务产业紧缺领域相关专业教材建设支持力度,遴选200种校企双元开发的优质教材,倡导新型活页式、工作手册式教材。鼓励有关院校引入企业真实项目和案例,开发或引入多种形式的数字化教学资源
2019.10	教育部	《关于组织开展"十三五"职业教育国家规划教材建设工作的通知》	规划分批遴选、建设1万种职业教育国家规划教材,其中2019年遴选3 000种左右,2020年遴选、建设7 000种左右。在此次建设中,教育部着重倡导使用新型活页式、工作手册式教材并配套开发信息化资源,以此解决职业院校的教材建设与企业生产实际脱节、内容陈旧老化、更新不及时、教材选用不规范等问题
2019.12	教育部	《职业院校教材管理办法》	教材编写依据职业院校教材规划以及国家教学标准和职业标准(规范),应做到内容科学先进、针对性强,公共基础课程教材要体现学科特点,突出职业教育特色,专业课程教材要充分反映产业发展最新进展,对接科技发展趋势和市场需求,及时吸收比较成熟的新技术、新工艺、新规范等;同时应符合技术技能人才成长规律和学生认知特点,适应项目学习、案例学习、模块化学习等不同学习方式要求,注重以真实生产项目、典型工作任务、案例等为载体组织教学单元;教材编写团队应具有合理的人员结构,包含相关学科专业领域专家、教科研人员、一线教师、行业企业技术人员和能工巧匠等,教材编写过程中应通过多种方式征求各方面特别是一线师生和企业意见

从以上2019年发布文件的时间密度和内容要求可以看出,对于职业教育教材的改革已经迫在眉睫,多个文件都明确提出校企"双元"开发优质教材,倡导新

型活页式、工作手册式教材。从目前职业院校使用的教材现状也不难看出,随着新的职业教育人才培养方案的制定、"三教"改革的实施,教材改革势在必行。

二、职业教育学历教育与培训的需求

《国家职业教育改革实施方案》明确提出：建设一大批校企"双元"合作开发的国家规划教材。职业教育人才培养迫切需要新型的双元育人教材,要求学校和企业教师或师傅共同参与编写,设计出与真实生产项目岗位对接的任务,突出技能培养,让理论知识碎片化融入实际工作技能操作中；同时符合职业教育的实际要求,真正实现教师游刃有余地教、学生主动地学。

同时,职业培训也需要"双元"合作开发的教材。《国家职业教育改革实施方案》明确提到"职业教育与普通教育是两种不同教育类型,具有同等重要地位"。职业教育体系纵向上包括中职教育、高职教育等；横向上包含学历教育与职业培训。在《国家职业教育改革实施方案》中强调了各学段职业教育形成有机衔接、自成体系的统一整体,强调学历教育与职业培训并重,突出了职业教育对于学生的培训功能。而职业教育教材作为职业教育课程的重要内容载体,不仅应注意职业教育各学习阶段知识的衔接,而且新型职业教育教材的建设还应充分考虑到职业培训的需要,结合"1+X"证书的要求,开发现代实用的职业教育培训教材,使得教材同时满足于学历教育和职业培训的双重需求。

第三节 职业教育教材建设的原则与要求

一、编写原则

(一)校企合作

教材编写团队应具有合理的人员结构,包含相关学科专业领域专家、教科研人员、一线教师、行业企业技术人员和能工巧匠等。

1. **"双师结构"作者是保证双元育人教材质量的关键** 教材建设的质量关键取决于作者。目前的普通职业院校多数存在师资缺乏现象,一些专业课的教师理论水平较高,动手能力却较差；学科知识丰富,岗位职业技能知识缺乏,很难要求他们成为"双师型"教师。

在当前"双师型"作者缺乏的情况下,要调动学校教师与企业教师的积极性和主观能动性,加强校企合作,充分发挥学校、企业教师各自的特长及能动性,引

导企业教师与学校教师围绕新型职业教育教材分别开展工作。企业教师负责把最新的行业信息、技术规范、典型生产案例以及企业对岗位的用人需求与标准等引入教材;学校教师则重点是根据职业院校学生的实际教学特征,对教材的适用性、可学性以及教学载体和形式等进行把关,保证教材的职业教育特色。

对于一些核心专业技能课程教材,长期以来企业在自己员工和社会培训中做了大量工作,积累了丰富的经验。例如,复旦大学出版社出版的《美容美体技术》教材,一些主要技术的基本操作手法、最新仪器应用等,企业有很大优势,因此,由企业老师担任主编负责整体编写工作,学校老师配合工作。其中,操作视频与图片主要由企业老师提供,制作成二维码放到书上相应位置,供学生和老师随时用手机扫码观看。学校老师主要负责理论知识的衔接与润色。对于一些需要较多理论知识架构的课程,主要由学校教师编写,企业教师配合工作。

因此,有既懂教学又懂生产的"双师结构"教材作者团队,以产教融合、校企合作为基础,才能彰显职教特色,产教协同育人。

2. 对作者的基本要求 教材作者团队来源于行业企业和学校,团队成员应满足基本素质要求,除此之外,对主编的专业水平和能力(如职称、工作经验等)方面应有更高要求,保证其在团队中发挥主导作用。

(1)作者团队成员的综合素质要求:所有作者团队成员应符合以下条件:①政治立场坚定,拥护中国共产党的领导,认同中国特色社会主义,坚定"四个自信",自觉践行社会主义核心价值观,具有正确的世界观、人生观、价值观,坚持正确的国家观、民族观、历史观、文化观、宗教观,没有违背党的理论和路线方针政策的言行。②熟悉职业教育教学规律和学生身心发展特点,对本学科专业有比较深入的研究,熟悉行业企业发展与用人要求。有丰富的教学、教科研或企业工作经验,一般应具有中级及以上专业技术职务(技术资格),对于新兴行业、行业紧缺技术人才、能工巧匠可适当放宽要求。③遵纪守法,有良好的思想品德、社会形象和师德师风。④有足够时间和精力从事教材编写修订工作。编写人员不能同时作为同一课程不同版本教材的主编。

(2)主编的职责:主编主要负责教材整体设计,把握教材编写进度,对教材编写质量负总责,除满足编写人员的有关要求外,对主编的专业水平和能力有更高的要求,主要包括以下几个方面:①主编应坚持正确的政治导向,政治敏锐性强,能够辨别并自觉抵制错误政治观点;②在本专业领域有深入研究并有较高造诣,一般应具有高级专业技术职务,具有较高专业水平,对于新兴专业、行业紧缺技术人才、能工巧匠可适当放宽要求;③在相关教材或教学方面取得了有影响的研究成果,熟悉相关行业发展前沿知识与技术,有丰富的教材编写经验,特别是具有符合"双师型"要求的教学理念及能力,将双元合作开发教材的编写思路落实到编写工作中;④有较高的文字表述水平,熟悉教材语言风格和专业术语能够熟练运用中国特色的话语体系。

(二) 对标开发

1. 根据职业教育人才培养目标进行教材定位 职业教育培养的是面向生产、经营、管理和服务一线的技术型人才,职业需要决定了专业培养目标,专业培养目标决定了课程目标,课程目标决定了教材目标。专业培养目标的定位应突出技能型、实用型人才,在生产、技术、服务、管理第一线的高素质人才,所以职业教育教材的定位应该紧紧围绕技术人才的培养目标来设计学生所需要掌握的知识、技能、素质结构,充分体现教材的针对性、实用性、职业性和创新性。

(1) 突出针对性。职业教育重在培养学生具有从事本专业实际工作岗位的综合职业技能,学生的职业技能是通过真实的实践教学环节来实现的,因此,教材中要按照真实工作场景设计任务,保证对学生技能的培养。

(2) 具有实用性。教材内容应该是真实工作场景中应用的知识和技术,适当将理论知识碎片化地融入任务实施过程中,如适当阐述技术原理和依据。

(3) 体现职业性。教材内容应该根据专业面向的特定职业岗位能力要求展开,并且与"1+X"职业资格证书考试的要求衔接。

(4) 具有创新性。在一线岗位工作的技能型人才应该具备一定的创新素质,现代生产力的提高,离不开技术革新,如智能机器人的发明、工艺流程的革新、新型加工方法的创造、管理方法的变革等。因此,教材中应该有"能力拓展"或"知识链接"的内容,有利于培养学生举一反三、多向思维的能力。

2. 根据基于岗位职业能力分析的课程标准选编教材内容

《关于实施中国特色高水平高职学校和专业建设计划的意见》及《职业院校教材管理办法》等文件对职业教育课程标准的制定提出了要求,指出校企需要共同研制科学规范、国际可借鉴的职业教育课程标准,将新技术、新工艺、新规范等产业先进元素纳入教学标准。教材的编写要以专业课程标准作为指导,根据课程标准的内容进行整合,参照课时要求,基于岗位(群)的典型工作任务,按照课程标准的能力培养点及核心知识点设计教材目录、模块(单元)及任务,进一步编写出体例、大纲、样章等。

(三) 能力本位

新型教材应坚持"以全面素质为基础,以职业能力为本位"的教学理念。以提高学生职业素质为基本目的,充分发挥职业院校的教育功能,培养全面发展的高技能人才。因此,新型教材规划应具有明确的目标指向性。需增强教材建设的科学性、实用性,针对不同专业教材,落实到培养职业技术型专门人才的根本任务上。它以适应社会岗位用工需求为目标,以培养学生技术能力为主线,不追求科学知识的系统性和完整性,培养的职业教育院校毕业生应具有理论知识适度、技术实践能力强、职业素质高等特点。

同时在专业技能培养基础上,新型职业教育教材建设还应当深入贯彻落实"立德树人"的根本任务,渗透对学生健全的思想人格、发展能力、责任意识等方面的培养,将"育德"与"修技"紧密结合。职业教育教材在强调培养技术人才的同时,也要注重对职教学生职业思想、职业道德的培养;既要关注企业用人的现实需求,又要关注学生的职业生涯发展和自我实现需求;既要关注学生专业技能的培养,又要关注学生行为习惯价值取向的发展。使学生了解职业、热爱职业岗位,帮助学生树立正确的价值观、择业观,培养良好的职业道德和职业意识。

(四) 资源多元

《国家职业教育改革实施方案》指出,新型教材应"配套开发信息化资源"。同时提到,"专业教材要随信息技术发展和产业升级情况及时动态更新"。

传统纸质教材存在版本更新慢,新知识、新技术、新规范难以及时在教材中体现的问题。新型数字化教材建设则可方便地通过更新在线课程、数字化资源等,及时向学生展示最新技术成果。

新型职业教育教材建设应当契合智能化、信息化教学改革的趋势,根据职教学生认知特点,充分发挥信息技术的优势。以纸质主教材为核心,以互联网为载体,充分融合纸质教材和数字化资源,并通过多种终端形式呈现,不仅包含纸质的课本教材,还包含电子教学参考书、操作指南、教学视频、习题库、仿真实训指导等在内的一系列数字化教学辅助资源。

这一系列教学资源以书本纸质教材为中心,纸质的教材变薄了,但是教学内容更丰富了,建立了立体多元化的信息教学资源,内容更为丰富,在线学习方便。同时,多元呈现的教材形式不仅丰富了教师的教学资源,还拓展了学生的学习途径。例如,教师课堂教学中的教学课件以及纸质教材的内容里添加了二维码,学生可通过扫码获取操作视频、图片、音频等不便于在纸质上呈现的内容,方便学生实现线上线下、随时随地的学习、答疑、测试、学习情况跟踪等。

二、编写要求

（一）任务驱动

1. 以任务驱动教材体系重构 双元合作开发的新型活页式教材与传统教材有很大区别，新型教材突破了传统教材的知识体系，以任务驱动教材内容的开发，对原来的知识体系进行分解和重构，使知识点更好、更合理地在需要应用的地方搭配重组，应有的知识总量没有变化，但是其组织顺序和结构发生改变。新型教材以学生为主体，突出能力培养；内容呈现形式多样，生动有趣，有案例，有经验，情景真实；知识突出实用、够用原则，技能突出职业性原则，体现学用结合，容易理解。

2. 充分体现新型职业教育特点 新型职业教育教材力求体现职业教育强调的学历教育与职业培训并重的特点，一方面考虑到其作为职业教育教学体系重要组成部分的地位，另一方面也充分考虑到职业培训的需要，同时结合"1+X"职业技能考试证书的要求，开发书证或课证融通教材。

3. 充分体现真实的职业实践情景 根据职业教育学生的认知特点，以典型的岗位工作项目、工作任务要点为核心，构建新型活页式、工作手册式教材。教材内容的设计贴近岗位需求、模拟真实工作环境，对典型工作项目进行完整讲解，包括计划、实施、评价等，通过基于工作过程的项目设计、情景设计、真实案例、特色栏目、流程图示等，加深学生的职业实践体验，培养学生实操能力与职业素养。

（二）结构形式创新

《国家职业教育改革实施方案》明确指出"倡导使用新型活页式、工作手册式教材"。

1. 装帧形式创新 新型活页式教材将教师教案、学生笔记、学生作业和测试等合为一体（图 2-1-1），携带方便，体现了任务驱动教学以及模块教学的思想。

2. 活页式教材内容结构编排灵活 教学内容中的新技术、新规范的更新迭代速度较快；活页式教材并不限于已经成型的内容，相较于传统教材，活页式教材在更新和补充新内容上更为灵活方便；在教学使用过程中，师生可按照模块自由组合课时内容，并随时增减内容，且可以灵活添加活页笔记页。

3. 方便学生学习与教师备课 对于学生而言，可以将作业、课堂笔记等与教材形成一个系统化的学习册，活页收集，方便回顾整理以及复习应考。对于教

▲ 图 2-1-1　活页式教材样式

师而言,活页式教材可以自由插入文本,便于教师对知识、题目及材料自由组合,满足不同难易程度的学历教学和技能培训的要求,便于其个性化教学,提升了教师的教学实施能力。

(三) 教材编写支持

1. 实行主编负责制组建编写团队　以主编、审核专家、编辑等核心成员组成核心编写团队,整体推进教材编写进度并及时处理或调整结构框架。出版社编辑全程参与教材编写,编辑的早期介入,可以提供出版方面的支持,如出版规范要求、版式体例和样章的确认等,让编写者熟悉出版流程,避免走一些不必要的弯路,可提高编写质量和工作效率。

2. 积极组织专家审核　教材编写过程中或完成后应该通过多种方式征求各方面特别是一线师生和企业意见。组织相关专家对教材的编写框架结构和内容进行审核。根据我们的经验,编写启动时就要请有经验的专家介入,并进行全程指导审核,从教材的目录、大纲、体例、样章等方面把好关,有的教材目录、大纲、样章需要反反复复几个来回,甚至推倒重来,最后才达到要求。

(1) 教材审核人员的遴选

1) 遴选原则:教材审核人员应包括相关专业领域专家、教科研专家、一线教师、行业企业专家等,具有较高的政策理论水平,客观公正,作风严谨,并经所在单位党组织审核同意。坚持编审分离原则,审核人员不得参与或者变相参与相关教材编写工作。

2) 审核专家应符合以下条件:政治立场坚定,拥护中国共产党的领导,认同中国特色社会主义,坚定"四个自信",自觉践行社会主义核心价值观,具有正确的世界观、人生观、价值观,坚持正确的国家观、民族观、历史观、文化观、宗教观,没有违背党的理论和路线方针政策的言行。熟悉职业教育教学规律和学生身心发展特点,对本学科专业有比较深入的研究,熟悉行业企业发展与用人要求。有丰富的教学、科研或企业工作经验,一般应具有中级及以上专业技术职务(技术资格)。对于新兴行业、行业紧缺技术人才、能工巧匠可适当放宽要求。遵纪守法,有良好的思想品德、社会形象和师德师风。坚持正确的学术导向,政治敏锐性强,能够辨别并自觉抵制各种错误政治观点和思潮。有较高的文字表述水平,熟悉教材语言风格,能够熟练运用中国特色的话语体系。具有较高的政策理论水平,客观公正,作风严谨,并经所在单位党组织审核同意。

(2) 教材审核内容:应依据职业教育国家教学标准,对教材的思想性、科学性、适宜性进行全面审核把关。教材使用的名称、名词、术语等应符合国家有关技术质量标准和规范,符合知识产权保护等国家法律、行政法规要求,没有民族、地域、性别、年龄等方面的歧视,不得有商业广告、变相广告。对教材涉及国家主权、国家安全、海洋权益、社会安定、民族宗教等方面的内容,重大革命题材和重大历史题材的内容,送有关部门进行审核把关。

3. 教材出版物的一般规范要求 教材属于正式出版物,出版物应符合图书出版条例。我国新闻出版相关主管单位,对图书出版规范有明确的规定,比如禁止内容、错别字、语句逻辑错误等。教材和一般的出版物不同,使用者众多。若有错误,不及时更正会误人子弟,影响很大。教材和词典一样,都属于规范性的出版物,标准应更高、要求应更严,尤其不能有知识性的差错。

(1) 政治性问题:出版物出现政治性问题是一票否决。有关政治性敏感问题涉及的内容比较多,主要是关注是否有违反有关政策、法律法规、保密问题、国际关系、领土主权、民族宗教问题及其他情况。

教材中的政治性问题多夹杂在字里行间,需要逐字逐句通读,妥善处理可能存在的问题。如反对宪法确定的基本原则的,危害国家统一、主权和领土完整的,宣言邪教、迷信的,危害社会道德或者民族优秀文化传统的等,出版社编辑针对这些问题应严格把关。编写过程中如有疑问,编写者应该及时与编辑沟通解决。

(2) 科学性及专业学术规范要求:科学性问题主要是概念、原理的论述是否正确,数据、公式是否无误,图、文、表是否一致,名词术语是否规范、统一,以及是否存在科学常识性错误。

教材应当严格遵守学术规范。教材中引用的资料、数据、标准、技术应准确、可靠,反映最新的科技进展或成果。符合学科专业标准或相关行业规定。使用国家通用语言文字和规范的专业名词术语,使用法定计量单位,体例格式规范。

(3)版权合法性：遵守国家法律法规，不得侵犯第三者权益，包括著作权、肖像权等。

《中华人民共和国著作权法》规定：中国公民、法人或者其他组织的作品，不论是否发表，依照本法享有著作权。

一般来说，公认的理论知识的定义、原理、定律、规律、法律法规等内容没有版权，可以引用。因此，教材编写过程中，需要引用他人作品内容做比较或阐述自己观点时，一定要注明引文出处。引用他人的图表或大段文字内容，一定要征得原作者授权后方可使用。

对于一些实操性教材，需要录制一些视频或图片展示，凡是涉及人物的图像，都应该征得当事人（模特或操作者）同意并获得肖像使用授予权。

参考文献

［1］许远.职业教育专业建设与课程教材开发.北京：中国人民大学出版社，2019.

［2］杜德昌.教材改革：新时代职业院校高质量发展的基本保障.中国职业技术教育，2019(29)：11-14.

［3］李媛.职业教育大改革大发展背景下的教材建设路径探析.中国职业技术教育，2019(28)：42-45.

［4］徐慧琳.高职教育新时代背景下系列新形态教材建设研究.现代职业教育，2018，(26)：169.

第二章

教材编写步骤与方法

《国家职业教育改革实施方案》明确指出,在教材改革方面"建设一大批校企'双元'合作开发的国家规划教材",倡导使用新型活页式、工作手册式教材,并配套开发信息化资源,该方案给职业教育教材开发提供了新的思路,同时对教材设计有了更高的要求。在职业院校教师、教材、教法"三教"改革背景下,职业教育教材的编撰与开发成为当下的重中之重。

校企"双元"合作的作者团队是跨界的合作,为此,教材开发的步骤与方法应在传统的基础上有所创新,"双元"合作只有体现真正意义上的合作,才能及时吸收行业发展新知识、新技术、新工艺、新方法,编撰出适应新业态、新职业和新岗位要求的特色教材,才能满足行业企业人才培养需求及学习者个人成长需求。本章立足校企"双元"合作的难点问题,较详细地介绍新型活页式、工作手册式教材开发的步骤与方法。

第一节 教材出版立项

复旦大学出版社在国内率先出版"双元"合作开发的新型活页式系列教材,教材开发围绕专业核心能力,突出职业岗位要求,注重体现职业教育特色,强化产教融合、校企合作。从规划、编写、审核直至出版全流程,由出版社资深编辑以及职业教育课程改革的专家共同指导、全程跟进。已出版的医学美容技术专业现代学徒制系列教材,是国内"双元"合作开发教材的典型范例。目前,校企"双元"合作开发系列教材仍在实践中不断探索。教材编写主要步骤包括确定出版立项、团队组建、教材编制准备、组织编写及统稿审稿、出版印刷、推广发行。

一、出版立项流程

从学校方面看，教材是全体作者尤其是主编的作品；从出版角度看，它又是出版社甚至是责任编辑个人的产品。编写教材的牵头单位在酝酿、确定所要开发的教材后，应尽早选择合适、对口的出版社，落实具体的策划编辑与责任编辑。

高水平的出版社和编辑不仅是课程建设支持者，也是积极参与者。只有经过双方同志式的互助合作，才能顺利启动教材的出版立项，直至印刷发行；只有依靠高质量的出版工作，才能保证教材质量。出版立项流程及步骤如图2-2-1所示。

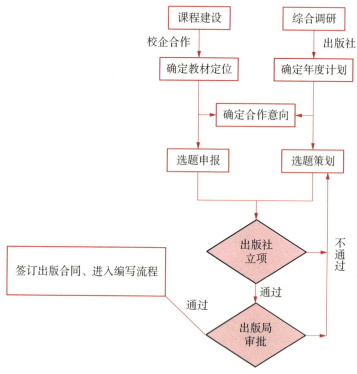

▲ 图2-2-1 出版立项流程及步骤流程图

（一）申请出版立项

出版立项是教材顺利出版的保障。国家颁布了相关法律法规，管理图书的内容和质量。出版主管部门通过书号控制出版的数量及相关内容，国家管理体系的要求最终都落实在出版社。出版社根据国家政策指导方向，确立年度出版计划。根据出版计划，编辑定期申报相关选题，由出版社选题审批部门负责审核和评估选题的内容、市场价值以及资金和人力成本，遴选符合校企"双元"开发要求的项目，确定立项。然后向上级主管部门申请书号额度，经国家新闻出版广电总局审批获得图书出版许可。课程建设负责人及教材著作权人与出版社签订图书出版合同。

在此，提请注意的是：课程建设负责人应尽早与出版社确定合作关系，由出版社编辑尽快落实选题的评估并参与教材策划，帮助确定选题方向，向上级主管部门申请出版立项，从法律法规、人力物力上保证教材出版工作的顺利进行。

（二）确定编辑

编辑不仅是后期出版制作的主要执行人，也是前期教材策划和编写的参与者。编辑应能敏锐地感受职业教育体系的变革和教材发展脉络，理解职业教育教材改革内涵及要求，帮助编写团队确定教材定位；在学校和企业之间、主编和参编之间、参编与参编之间积极沟通，上通下达，统一思想，保证编写委员会全面理解和落实课程标准、编写大纲及编写样章的要求，协调进度；统筹规划教材的立体化建设，协调各种电子资源的制作；推动与监督前期立项工作，以及后期排版、装帧设计、印刷等工序有条不紊地展开，指导和帮助宣传发行工作。因此出版立项后，需要出版社安排相关专业的资深编辑，根据教材建设的要求，从选题的策划和申报开始就深度参与，充分发挥编辑的作用。

二、保证图书品质和价值

为了保证图书质量，国家出台了各级图书质量检查和监督管理制度，通过各种评选、出版项目申报等推动出版图书质量的提高。出版社根据国家质量规范，确定专业对口的策划编辑、责任编辑、校对、质量检查人员，通过三审三校等工作规范，从制度和人力资源上保证图书质量和价值。

（一）保证图书品质

责任编辑应深刻理解产教融合、校企"双元"合作开发教材的要求，引导学校和企业老师转变观念，突破传统教材组稿固有的思维模式；参与课程建设过程，积极探索课程建设路径，明确教材开发的方向及定位，与课程建设改革同步，展开教材开发的策划工作，从源头保证职业教育教材的先进性；专业的编辑从作者团队组建开始，就能步步把关，利用长期积累的作者资源，精选具备较高专业水平和丰富实践经验的校企人员参与，保证教材的编写质量；了解产业前沿新技术和新产品,积极推动校企双方在教材中融入新内容,保证教材的实用性;提供市场信息,推荐知识拓展领域,保证教材的通用性;积极推动新型教学方法的应用,审核各种数字媒体的质量,保证教材的新颖性;协助主编,落实教材编写大纲和编写样章的体例要求,做好全书编辑、加工、整理工作,把好文字和语言关,保证教材质量和专业水平。

(二)实现图书价值

实现图书的价值,一是体现在实现编写团队的价值,将教材的精神产品转化为物质产品。二是为了适应职业院校教师、教材、教法"三教"改革要求,有利于教师和学生使用相关资源进行更加灵活的教与学,适应个性化、自主式学习的需求。策划编辑与责任编辑是图书开发和出版的沟通桥梁,应积极参与编写团队的组织和协调工作,组织课程改革和编写会议。出版社编辑有义务协同有关专家,开展教材编写及使用的相关培训与指导等工作,帮助作者按照教材改革的理念,以及新型教材编写要求,将行业发展新知识、新技术、新工艺、新方法融入教材内容中。为适应"互联网+"时代的需要,应充分利用网络技术手段,将纸质教材与信息化教学资源紧密结合,实现职业教育教材的数字化。经过审稿、编辑加工等流程将初稿转变为产品,与排版人员、美术编辑一起落实版面设计和装帧设计,最终将书稿变成精美的新型活页式、工作手册式纸质教材,并配套开发信息化资源。新型教材的开发和出版具有开创性,与"全面推行现代学徒制""双高计划""高职扩招"背景下的课程改革的需求相适应。经过责任编辑的纽带作用,将最后的课程改革成果推向应用,实现图书价值的最大化。

第二节　新型教材的结构及特点

一、新型教材的结构

新型活页式、工作手册式教材,并配套开发信息化资源,有利于教师和学生使用相关资源进行更加灵活的教与学,能够大大激发学生的学习兴趣,让学生活起来、动起来;同时,其体例结构及形式应采用线上线下结合、案例导入、经验分享、情景再现等生动有趣的多种形式进行呈现。

(一)模块化项目式教材

由校企"双元"合作开发的模块化项目式教材,与项目教学法、案例教学法、情景教学法等工作过程导向的新型教学方法相适应。"双元"合作开发的模块化项目式教材以"能力本位、系统培养"为原则,遵循技术技能人才成长规律和学生认知规律,突出职业素养和岗位能力培养。以真实生产项目、典型工作任务、案例等为载体,设计学习单元;学习单元之间紧密联系又相对独立,重在知识和技能的灵活应用,体现职业性、实用性、科学性和规范性。教学单元的设计实现工作任务和工作过程向学习领域的转换,突破传统教材篇章结构,以知识为中心、重在知识传授的体例结构。

模块化项目式新型教材应以设备的操作、使用和实际工作流程为主线,按工作过程的分工、阶段、功能,对应岗位工作项目和任务,将课程内容分解为若干项目和模块;再将项目分解为若干工作任务,构成项目-任务式结构。每个学习任务的内容分解为若干栏目,如"学习目标""学习任务""任务分析""任务准备""任务实施""任务评价"等基本栏目。必要时可以增加"知识链接""能力拓展""任务训练"等,用于知识的扩展和进一步训练。

【学习目标】 把课程目标分解到设计的学习项目或任务中,再根据学习任务对应的岗位能力要求,以及完成学习任务结果达成度,提出具体的、可量化、可操作的学习目标要求,以便任务学习结束后评价教学效果和学习效果。

【学习任务】和【案例】 是能力和知识等教学内容的载体,教材的编写水平很大程度上取决于学习任务和案例的选取。在真实生产项目中找到契合教学标准的典型工作任务,是项目式教材的核心。为保证任务的真实性,必须整合资源,突出企业的主体地位,充分发挥企业师傅、导师的作用。根据相关岗位的能力要求,深入生产实际,设置真实的学习任务和操作技能,创设能体现职业属性的学习情景。此外,学习任务要有典型性,必须在企业的实际生产流程以及真实的工作过程中找准定位,准确对准职业能力和岗位要求,提炼出符合课程标准和编写大纲、能完成能力目标的学习任务。

【任务分析】【任务准备】和【任务实施】 在这些环节中应重点定位知识和任务的关系。知识服务于任务,任务驱动知识和技能的学习。任务要符合教学需要、标准需要、工作需要、技术需要,还要符合学生职业和技能发展规律,符合认知规律。以典型工作任务的工作步骤为主线,启发、引导学生主动学习符合岗位需要的知识和技术,注重理论与实践相结合,达到学习目标与能力形成一条线,即做到教、学、做融为一体。打破先知识后技能的传统模式,以及把知识与技能、素质和能力独立开来的传统模块的划分,淡化原有的知识系统性结构;强调知识以应用为目的,以必须、够用为度,将知识碎片化融入具体的工作任务中;以工作任务为载体,将实践知识和理论知识有机结合起来,重组以能力培养为主线的知识体系。

【任务实施】和【知识链接】 要体现课程思政的思想,实现能力、素质和知识的一体化。在实用性的基础上,体现新技术、新工艺、新规范,既要对接岗位能力,还要兼顾1+X证书、书证融通的要求。还可以通过"知识链接"和"能力拓展"等环节,拓展知识,解决熟练技能和知识广度之间的矛盾,处理好必需知识与拓展知识的关系,内容设计上要适应未来岗位的发展和知识的提升,还要为学生今后的学习和可持续发展创造接口和条件。

【任务训练】 提出的问题要能引领学习,在能力的形成中起到导航和中介作用;按照能力目标,设置侧重于应用与探究的问题;问题要有探索性,引导学生思考,追求更优的操作结果。

(二) 工作手册式教材

工作手册对于企业员工尤其是新员工来说,是必备的随身工具书,可以随时快速查找到设备的结构和使用说明,查找具体工作要求、工作流程、注意事项等。工作手册式教材以企业岗位(群)职业标准、工作过程、产品使用规范等为主体内容。编写教材的老师最好有企业工作经历,才能更好地将企业需求和教学内容对接。

工作手册式教材是岗位培养的重要工具,体例包括目录索引、功能介绍、操作规范、使用注意事项及案例等。手册式教材一方面围绕实际岗位,求严谨、求真、求实,落实到具体操作及应用,围绕职业、岗位活动,决定知识的取舍;另一方面根据学生学习掌握能力和年龄特点及差异,着眼于学生的认知水平和发展特点,围绕新的教学理念,组织知识结构,拓展知识领域,求简介、求科学、求层次。

工作手册式的教材设计要从专业岗位调研开始,直到系统、全面地分析职业岗位,转换课程及课程体系构建,才能进入编写阶段。通过分析岗位必备的知识和实践技能,力求贴近工作实践,充分体现职业活动要求的职业能力;同时,教材应适当拓展知识面,搭建全面提升工作能力的平台;力求简明扼要,抓住知识和技术重点,突出够用、适用、好用原则。职业院校老师如果没有参与基于职业能力分析的课程开发,从教材设计理念到技术项目教学设计没有深入了解,很难编写出符合专业技术技能岗位要求的工作手册式教材。

学生可通过工作手册等多种途径学习新知识,设计解决问题的方案。工作手册式教材能满足专业和工作要求,是学生在工作任务准备阶段的参考书,能培养其综合分析和解决问题的能力,并且是学生完成任务过程中解决实际问题、寻求答案的工具书。既是学生的学习教材,又是企业员工的培训手册。

(三) 活页装订形式

活页形式装订不仅是形式上的改变,更重要的是内容结构应突破传统篇章结构。模块化项目式、工作手册式教材的学习单元设计源于实际工作任务和情景,教学形式区别于学科体系的普通教育教学,通过模块化教学,以任务驱动,达到教、学、做合一来实施的目的,教学时间、过程、场所灵活多变。每个任务相对独立,任务过程中需要提供任务书、支撑理论知识、相关规章、作业流程等多方面的教学资料,任务完成后还要提供评价表、练习与作业等评价和巩固手段。教材内容需根据不同企业及学校,不同的生产设备及产品更新,实时进行调整。由于新技术的不断涌现及知识的快速更新,教学过程中会产生大量的补充资料。因此,活页式教材更能适应工学结合的现代职业教育体制,可以针对不同校企合作特点,实现模块化制作、个性化定购;能在教学过程中实时更新,调整学习模块和任务,甚至可以针对学生个体,微调教材内容。

活页教材的模块化、灵活性更适合以学生为主体的学习过程。学生在学习中,可以及时方便地扩充设计方案、扩展知识领域。学生可以把课内课外、线上线下等多渠道获得的知识,以及岗位和学校学习中获得的新材料、新方案、学习心得和笔记,加入教材中。随着全部项目的学习结束,学生可以构建完整的全新的"私人订制"教材。

活页式教材提高了教材使用的柔性,扩大了教材的适用范围;加快了教材的更新速度,提高了学习的主动性,是双元合作开发教材的发展方向。

二、新型教材的特点

(一) 行动导向

新型教材不是内容导向,而是行动导向,符合现代职业教育理念,遵循学生的认知规律,突出实践经验在学习过程中的重要性。行动导向的具体内容体现在以下两个方面。

1. 将认知过程与职业活动结合起来 即为了行动而学习,通过行动来学习,学习过程和行动过程合二为一。以行动为导向,学生面对工作任务,自己积极主动发现问题,促进了理论与实践相结合,在更高程度上培养了学生的思维能力、工作能力。有利于学生经过实际工作过程,感知和重构知识体系,培养终生学习的能力。

2. 打破传统教材知识体系的递进性和系统性 新型教材不再以知识为重心,而将岗位能力培养为重心;淡化知识的系统性,突出知识的应用,强调职业性,注重职业岗位能力培养。以突出职业性、实用性为切入点,以系统培养、能力本位为原则。包括内容组织、教学目标、教学组织及考核评价等都是紧紧围绕着岗位能力培养这个核心,实现课程内容与岗位标准对接、教学过程与生产过程对接。对学生教什么?怎么教?怎么评?所有依据都来自岗位,采用的案例、项目、任务和情景都是来自岗位真实工作过程能满足双元育人、工学交替、岗位培养为特征的职业教育体系的要求。

(二) 对标开发

1. 教材开发采用的课程标准 基于专业岗位(群)的职业能力分析而编制,包括专业能力和职业素养两个维度的要求。

(1) 在教材编写上,不同于强调学科自身系统性、逻辑性的传统教学大纲,而是强调学生终身发展所必备的基础知识和基本技能,侧重的是岗位能力。

(2) 在教学目标上,不同于教学大纲只要求知识与技能的掌握,而强调三维目标(知识与技能、过程与方法、情感态度与价值观)的基本要求,符合职业教育发展与职业教育教学改革的理念和基本要求。

2. 以课程标准为依据开发教材 教材"项目""任务"设计真正基于工作过程的典型工作任务分析,体现职业性(做什么)、规范性(怎么做)、科学性(知识)、实用性(技能),突破了传统教材先知识后技能的结构,而是以能力为主线,任务驱动知识,将原有知识碎片化并融入相关岗位工作任务。学习任务的安排遵循学生认知规律,让学习者"学会做",并知道"为什么做",体现学中做、做中学、边学边做、边做边学的理念。基于工作的学习,能更好地满足现代学徒制、双元育人、岗位培养等职业教育的现实需求。教材结构打破理论课与实习课的界限,更加符合技术技能人才培养需求。

(三) 多元参编

职业院校教材编写的设计,从计划到团队组建、实施是一项循序渐进的系统工程。

1. 教材开发作者团队

(1) 由中职、高职和企业多家单位的教师、专家组成,既突出科学性、规范性,又与行业企业新技术、新产品要求开发同步。

(2) 有效避免教材内容重叠严重,有利于实现中、高职教材的合理衔接,以及学校教育和企业培训相互衔接、相互配合。

(3) 既符合学历教育要求，又符合行业企业的实际要求。实现学历教育要求与企业培训要求融合，学历证书与职业技能等级证书要求融合，课程标准与岗位要求融合。

2. 教材的整体质量

(1) 教材内容模块化、项目化、案例、情景真实，能有效调动学习者的学习兴趣和学习积极性，由被动学转为我要学，提高了学习的效果。

(2) 教材体现了基于工作的学习，有效解决理论与实践脱节的情况。既适用于职业院校学历教育，也适用于企业员工培训等，受众多元，提高了教材的整体质量和使用价值。

(四) 互联网+教材模式

1. 满足多样化需求　信息技术已经深度融入教育教学，成为现代教育技术的主导力量。大数据、人工智能、虚拟现实等现代信息化技术在教育教学中的广泛应用，催生了智慧校园、虚拟工厂等新型的教育教学手段。信息技术与教学有机融合的"互联网+职业教育"已成为双元合作育人职业教育的现实背景，有力地推动了教师角色的转变，促进了教育理念、教学观念、教学内容、教学方法及教学评价等方面的改革。

另外，智能手机、平板电脑、可穿戴设备等移动终端技术不断升级，大屏幕、高速度手机已经完全普及，学生利用 APP 和移动互联网可以随时随地接入数字化教育资源(图 2-2-2)，极大地改变了学习行为。

▲ 图 2-2-2　移动终端的知识呈现方式（复旦大学出版社教材）

新型职业教育教材出版恰恰位于数字大潮的风口浪尖,纸质教材可以成为连接网络学习平台和移动终端的节点。通过二维码、APP、微信小程序等手段,向上链接到智能化教学支持环境,满足多样化需求的课程资源,向下链接到后台慕课、微课、Flash 动画、PPT、CAD 三维构图等多媒体教学资源,构成了云资源+纸质图书+移动终端的新型教材模式,开拓了崭新的知识呈现方式和传授手段。

在"互联网+教材"的时代背景下,新型教材必然是多媒体化的,纸质教材与云端信息化资源相结合,构成了多位一体的教学资源的主线。

2. 立体化的知识呈现体系

(1) 在纸质教材的编写中突破了学科体系构架:如在工作步骤中,以图、表等形式灵活多样地呈现知识,力求教材的整体编排科学合理、层次明晰、生动活泼、形式新颖。

(2) 坚持纸质教材和数字教育资源的深度融合:即纸质教材和数字教育资源的一体化开发,做到线上与线下、纸质与数字资源互通共享,有机融合,构成立体化的知识呈现体系,促进自主、泛在、个性化学习。

(3) 数字教育资源具有无可比拟的灵活性、及时性和无限扩展性:由于生产技术、产品、操作过程和服务不断更新,新技术、新知识、新规范不断涌现,必然对岗位技能提出新的需求,因此,要求课程标准、教学大纲也应随之变化。不同的学校和企业对学生的要求也会千变万化。然而,纸质教材的更新周期较长,在纸质教材修订之前,数字资源几乎可以无成本地及时更新,与现实教学需求可以保持高度一致。利用广阔的数字空间,几乎可以不受限制地拓展知识领域,满足1+X 证书、技能大赛以及其他个性化的学习需要。数字资源的无限扩展性也使工作单式教材成为可能。

(4) 虚拟现实(VR)和增强现实(AR)技术的发展和普及:由于 VR 和 AR 技术与云技术和移动互联技术的迅速结合,推动了 VR 和 AR 从游戏体验领域延伸到行业应用领域,因此课程内容、生产设备、操作流程可以虚拟实物形式展现在虚拟环境中,实现学生沉浸在 VR 营造的仿真空间,并可与之交互。沉浸式 VR 技术实时的三维空间表现能力、人机交互式的操作环境能够带来身临其境的感受,并将纸质教材中的具体任务立体化重构及展示(图2-2-3),开拓了全新的知识呈现和传授方式以及全新的训练途径。

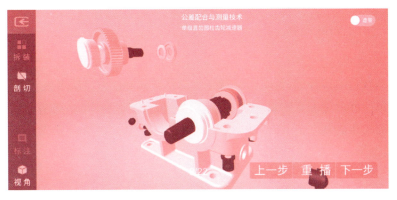

▲ 图2-2-3　VR眼镜中的机械设备（复旦大学出版社教材）

第三节　教材开发团队组建

一、团队构成

团队由学校、行业（企业）符合条件的人员构成。每本教材编写团队的成员组成，除主编、副主编的人数有上限规定，主编的职称有硬性要求外，其他参编者的人数和职称方面没有硬性规定。应充分调动企业优秀人才的积极性，遴选行业企业一线、具有丰富实践经验且仍然在相关岗位工作的技术骨干或管理者参编、担任主编和副主编等角色；积极探索校企"双负责人""双主编"的教材开发团队模式，让企业在教材编写中体现其主体作用，实现真正意义上的校企"双元"合作，编写出一批精品教材。

二、团队组建

（一）招募作者

根据教材编写计划，编辑与教材牵头单位共同制定教材编者推荐表，以自愿报名或单位推荐等形式招募作者，组建多方参与的编写团队。推荐表的内容主要包括参编者的基本信息、专业背景、参编意向等，表2-2-1为某出版社的推荐表，供参考。

表2-2-1 某出版社教材编写推荐表

教材名称：《××××××》
作者基本信息（学校）

姓名	学历	职称/职务	单 位
手机		邮箱		微信	
申请主编		申请副主编		申请编委	
专业领域及工作年限			
申请编写教材名称			
申请说明（主编或副主编或编委）			

（二）确定负责人

"双元"合作开发教材是一项开创性工作，其团队成员的构成应多元化，各自的工作背景和工作领域不同，在工作方法、思路以及对教材建设与改革的认识和理解等方面的视角也有差异，首先需要统一思想认识。校企合作开发，相互之间的联系既有纵向又有横向，因此新型教材编写的跨界合作模式，相对于传统教材单一主体编写模式要复杂一些，符合传统教材主编条件的作者未必能胜任新型教材的主编。为确保后续工作顺利开展，完成招募作者工作之后，当务之急是校企各方以推荐或自荐形式，分别明确1～2人为教材编写团队负责人，发挥纽带作用，负责统筹协调、整合校企资源、组织学习培训等编写前期的相关工作；促进校校之间、校企之间的沟通，使各方成员彼此尽快熟悉和了解，形成分工明确、紧密配合、资源共享、多方参与的教材编写团队。

1. 学校负责人

（1）在教学一线岗位工作的专业教师，熟悉专业所面向的就业岗位及专业课程，了解新型教材编写理念与要求。

（2）有较强的沟通能力和表达能力，与相关企业有良好的合作基础，对相关行业企业工作领域有一定了解。

（3）有创新意识和奉献精神，工作责任心强。

（4）有行业企业工作背景或专业实践经验，有考评员资格的教师优先。

2. 企业负责人

（1）熟悉所在行业企业岗位一线工作的技术骨干或管理骨干，在相关岗位的工作经验丰富，有较丰富的企业教育资源。

（2）有职业教育情怀或企业培训经验。

（3）有良好的校企合作基础，较强的沟通能力和表达能力。

（4）对学校教育教学工作有一定了解，了解教材编写要求。

（三）遴选主编

主编应该理解校企"双元"合作开发教材的特点及要求，坚持"系统培养、能力本位"的原则，把握教材编写如何体现教学理念和思路创新、方法和手段创新、结构和形式创新，从形式到内容具有明显的职业教育特色，既符合学历教育和企业培训要求，也满足学生学习的个人需求。主编应具备的专业水平和能力要全面，不仅有学术和专业上的要求，还应具有专业实践和综合能力方面的要求。以下3个方面是考量作者是否胜任主编最基本的要求。

1. 主编基本要求

（1）具有相关工作背景或实践经验：双元育人合作开发教材与传统教材的编写思路和内容结构完全不同，主编应该具有与编写教材相对应的岗位工作背景或与本课程相关的实践经验，对课程及教材改革的要求理解到位，才能组织和编写满足现代学徒制、订单培养等双元育人、工学交替学习模式的需求，体现职业教育特色的新型教材。具备双师能力和水平的主编，容易理解并认同基于职业能力分析与转化的课程及课程标准，能准确把握教材的定位及编写思路，并将双元合作开发教材的理念和思路落实到教材编写工作中。

（2）较高的学术水平或专业能力：新型教材突破传统的知识体系框架，不只是形式上的创新，更主要的是内容和结构的创新。新型教材不是将传统教材进行简单的删减，而是重构；突出能力培养也不是只学技术技能，不要知识；新型教材以项目导向、任务驱动，基于工作过程的典型工作任务设计学习项目；将系的理论知识碎片化并与工作任务融合;将职业培训内容进行提炼,同时融入学历教育,既体现基于工作的学习,也满足学历教育系统培养的要求。因此,主编要有较高的学术水平或专业能力,对新型教材编写的要求能够理解到位,才能按这些要求组织编写、统稿和改稿。

(3) 有创新意识和奉献精神:大多数作者编写教材是用业余时间,在没有可借鉴的模板和经验的情况下,新型教材比传统教材编写要付出更多的时间和精力。编写团队中以专业负责人、骨干教师或行业企业一线的技术骨干和管理者担任主编的居多,在岗位上工作很忙,而在编写教材中承担的工作任务也较重。面对全新的教材编写任务,需要主编具有较强的创新意识和奉献精神,勇于探索实践,才能编写出符合要求的新型教材。

2. 遴选办法

(1) 以自荐和推荐方式确定主编人选:目前,校企"双元"合作开发教材处于起步阶段,尚未全面推广。多数专业为首次开发,没有校企"双元"合作开发教材的相关经验。客观上符合主编基本条件的作者,包括有过出版经验、文字功底扎实的作者,能否具有新型教材编写的指导水平以及后续统稿、修改、完善等能力,很大程度上取决于作者自身主观上的接受与改变,能够跳出传统教材体系框架的编制思维。事实上,多数作者从学生到教师角色的转换,课程及教材结构都是传统的,即使思维改变,但真正落实到教材编写还有一定距离。因此,以作者自荐和组内推荐方式,只能作为主编的人选,必须从提交"作品"以及在编写中实际发挥的作用综合考虑来确定。否则,主编对教材的开发可能仅停留在理论层面,而不能具体实施,可能会导致教材编写的后续工作无法进行。

(2) 以提交"作品"的方式确定主编人选:开发的教材既要适用于企业培训,又要适用于中高职学历教育的需求,在内容结构上应有突破、有创新,需要作者付出成倍的辛勤劳动,因此,公平公正确定主编尤为重要。主编从自荐和推荐的主编人选中,以头脑风暴法,让入选的主编根据个人对所编写教材的理解,各自编写目录、样章,然后提交给编辑。编辑以个别沟通方式反馈修改意见,尽可能修改完善,随后编辑把修改完善的目录和样章发给编写团队进行集体讨论,选出最具有职业性、有突破、有创新的目录和样章,相应的作者就是主编。

用头脑风暴法可以让主编充分发挥个人见解,集思广益,同时也能更为客观地反映主编对教材编写思路、对课程及课程标准的理解以及教材整体设计是否有突破,是较为实用且有说服力的方法,是选出好主编的基础工作和前提条件。

(3) 从负责人中确定主编:根据负责人在前期工作中表现出的能力,结合个人意向及团队推荐确定主编。此法确定的主编有一定的团队基础,对于相关工作的了解更深入。是否具备主编能力,也需要从提交"作品"中进一步了解。

总之,校企"双元"合作开发教材,对主编的要求更高,是双向的。在现实中,学术水平和行业企业实践经验兼备的主编极少。为此,根据不同工作背景,各有侧重,对院校的主编侧重考量教学经验和文字统筹能力,对行业企业的主编侧重考量行业企业应用技术及实战经验的总结归纳能力。

【温馨提示】 有传统教材出版经验的作者未必能承担新型教材的主编,以传统方式选定主编,有可能因为主编不能胜任影响教材编写进度和质量。而以提交"作品"的方式确定主编人选,能挑选出团队中最适合担任主编的作者。

(四)分工建议

1. **编辑主要分工** 教材出版规范培训与指导,提供体例样式或参考资料;负责牵头组建相关工作微信群,打通校企多家参编单位之间的信息通道(如某教材主编群、某教材编写团队);及时跟进工作进度,协助负责人或主编与编者之间的沟通协调,安排编写任务。

2. **主编主要分工** 牵头编制课程标准,制定编写计划;指导编写;撰写教材编写大纲,完善教材目录及样章;编写教材、统稿、改稿、审稿。学校主编侧重上述资料文字规范性、理论知识的科学性、普适性等内容把关;企业主编侧重岗位标准、技术操作规范、情景及案例等实践内容把关。

3. **副主编主要分工** 参与编写完善目录、样章;收集教材编写素材,协助主编统稿、改稿及审稿。

4. **编委主要分工** 根据编写计划,完成编写任务,交叉审读初稿。

第四节 教材编写的基本步骤与方法

一、统一思想

(一)转变观念

转变观念、突破传统教材编写的固有思维模式,是解决后续编写系列问题的基础。然而,由于观念所限,学校教师的思维还停留在企业只懂技术操作,不懂教育,在教材编写中起不了作用,会影响教材质量。而企业则认为学校编写教材不实用,参编的积极性不高。因为校企作者的角度不同,各自的认知也会不同,如果观念不转变将会直接影响到双方的合作及教材的编写。因此学校教师应该认识到，所编写的教材是面向快速发展的行业企业，企业的参与能及时吸收行业发展新知识、新技术、新工艺、新方法，更加符合职业教育特色。

教材编写之前首先要做的工作是在校企双方负责人的组织协调下，统一校企双方的思想认识，这也是落实教材编写工作的重中之重。然而，转变校企双方对于教材开发的固有观念比较困难，需要形成氛围，使双方进一步理解校企"双元"合作开发教材是双赢的，只有校企双方的思想认识统一到新的高度，精诚合作，发挥各自的资源优势，共同编写，才能实现真正意义上的合作开发。否则，即便是有了目录、样章和编写大纲，编写任务也分配下去了，还是会各自为政，互不沟通或少沟通，导致学校作者因为缺乏实践经验，所编内容只是由原有教材内容转换而来，并未真正实现基于岗位工作过程的项目改造。可能存在文字表述规范、条理清晰，但内容空洞，实用性不强，呈现方式单一、不生动的情况。而企业作者的表述通俗易懂、情景真实、案例有代表性，呈现形式多样，生动有趣，但因为对系统知识及教学方法的改革了解不深，对来自岗位的素材整理不到位，造成所编写的内容缺乏系统性、规范性。

（二）组织培训

转变观念需要一定时间，有一个过程，较为快速有效的途径是集中培训、相互交流、借鉴案例经验等多种形式。因此，新型教材在编写前有必要先对作者团队进行培训，了解国家的政策要求，确保教材的政治站位。学习借鉴国内外职业教育教材开发的理念和思路，深刻理解新型教材职业性、规范性、科学性、实用性的原则与要求。认真分析理解新型教材的目录、编写大纲、样章和教材案例的内涵，以及内容组织与呈现方式，掌握编写方法。在此基础上，再着手组织编写，才有可能把新型教材编写要求落到实处。

目前，有部分教材尽管采用了"项目""任务"的形式，但并没有深入研究内容的来源，仍未突破传统教材的篇章结构，理论与实践的结合还没有完全到位。为避免只是对原有教材的篇章结构在形式上进行了改变，而本质上没有变化，或在原来的基础上仅增加情景和案例，且还可能是作者主观想象编撰的情况，作者一定要从内容上深入研究基于职业能力分析转化的课程及课程标准，使编写的教材真正从结构上有所突破，其内容特征具有典型的职业性。

（三）加强沟通

由于教材编写团队的合作是跨界的合作，在教材编写中拥有各自的资源和作用，相互不可替代。例如企业培训资源（培训教材、岗位标准、考核资源等）的表述追求简明通俗，在教法上，企业培训教学活动的设计更加突出学生本位，以学生为中心，实施360°考核评价。而学校教学资源（专业教学标准、课程标准、课件、课程考核评价方式等）的表述更加注重科学性和规范性，在教法和考核评价等方面较为单一。因此，教材编写前应充分发挥作者团队负责人的统筹协调作用，组织校企作者加强交流沟通，以集中培训、分组研讨、个别交流等多种形式，增进彼此之间的了解，让企业作者充分了解出版教材的规范及要求，学校作者了解企业教育教学资源、可提供的教材素材等，在合作上尽量达成共识并相互协助。

二、明确定位

教材负责人和主编一起组织召集编委会，组织参编作者对课程进行研讨，集思广益，根据专业人才培养目标，确定课程的地位和作用，理解课程标准、学习项目、任务与工作内容和步骤的关系，严格对照课程标准，确定教材定位。

（一）教材需求分析

产业（企业）、职业及岗位需求是教材开发的逻辑起点，从行业、职业及岗位调研分析中明确专业定位，再以专业所面向的职业能力目标、岗位任务及真实的工作过程作为课程定位的依据，通过教材课程标准要求、岗位要求及学习者学习需求等综合分析，确定教材定位。

1. 分析课程标准　课程标准是规定课程性质、课程目标、内容目标、实施建议的教学指导性文件，教材是课程标准的集中体现。因此，新型教材是双元合作教学改革成果的体现，是实现双元育人的基本要素。

（1）新型教材采用的课程标准，对目标、内容、实施建议的教学要求是规范性与弹性要求相结合。

（2）在教材编写上，强调的是精选学生终身发展所必备的基础知识和基本技能，侧重的是岗位能力。

（3）依据课程标准规定的职业能力要求，将知识与技能、过程与方法、情感态度与价值观有机地结合在具体工作项目中，由任务驱动学习过程，着重培养学生的岗位能力。

（4）新型教材应突破学科体系构架，将课程标准要求的知识渗透到完成任务的过程中，以实际工作过程、多媒体等多层次、多形式展现给学生。

（5）新型教材也要采用最新的教育教法，配合最先进的教学技术，确保服务于课程标准和教学标准，指导具体的教学活动，使课堂教学方便好用。

2. 分析岗位需求　具体的岗位需求是教材开发的逻辑起点，教材是学生岗位工作的指导手册。

(1) 以双主体育人、岗位培养为核心要素,要充分发挥企业师傅的主体作用。

(2) 分析课程标准的岗位细分,落实具体的专业和层次定位。

(3) 根据课程标准要求的职业能力,在岗位任务及真实的工作过程中找准定位。

3. 分析学情　学生是学习的主体,教材是学生学习的指导书。

(1) 新型教材突出学生的主体地位,遵循职业教育、人才成长和学生身心发展规律,强化对学生综合素质、职业能力、职业精神的培养,提高人才培养质量。

(2) 结合高职院校、中职学校、企业培训多元使用的编写目标,认真分析学生层次和学业背景。

(3) 坚持立德树人的根本要求,结合学生学习特点,遵循先进的教育理念,有机融入思想政治教育内容。

(4) 为了让学生的学习活动紧密联系工作实际,应突出应用性和实践性,注重学生职业能力和可持续发展能力的培养。

(二) 明确编写目标

在明确教材需求的基础上确定教材定位,明确教材编写目标及编写思路,撰写教材编写大纲。

1. 根据课程性质、地位及作用,确定学生知识目标　深化产教融合、校企合作,"升级"教材,推动教材改革。

(1) 在教材中应积极体现教师、教材、教法"三教"改革的双元合作育人特征,坚持面向岗位、利于学生发展、促进就业的编写方向。

(2) 以学生为本位、能力为核心,关注学生能学会什么,能做什么,在教材中突显教学标准规定的能力目标。

(3) 将总体能力、知识目标合理地分配到各项目和任务中。

2. 根据岗位需求,确定学生能力目标　职业素养和专业能力(技能、素质、知识)是教材的核心目标,突出岗位培养特征,培养学生的企业认同感、精益求精的工作态度和技能精湛的动手能力,将课程目标落实到完成岗位任务、获得职业技术技能及实际工作能力上。

3. 兼顾广泛性　以需要为本,适当扩大教材使用范围,追求教材短期内的广泛应用,提高教材的应用价值;直观易懂,内容好学,方便好用,适合更多学校选用。

（三）编写原则及要求

1. 教材内容组织及呈现形式的基本原则 "对接岗位、校企合作、对标开发、内容重构、结构创新、多元使用"。

2. "项目""任务"设计的基本要求

（1）任务驱动、能力本位：教材"项目""任务"的设计要突破传统教材中以知识为中心的学科体系结构，重构基于工作过程的以典型工作任务驱动知识和技术技能的学习单元；每个学习单元以任务为导向，侧重岗位能力培养，将知识碎片化处理，够用为度。

（2）课证融通、标准融合：教材内容的选取应注重课程融通、标准融合，将学历证书与职业技能等级证书的要求相统一，职业教育标准与职业培训标准的要求相统一。

（3）双元开发、育训结合：校企"双元"共同开发，应充分发挥企业的主体作用，由企业作者从真实岗位的工作任务及工作情景中选取编写素材，紧贴岗位，需求重构学习任务，体现理论与实践、知识与技能、学历教育与职业培训三结合。

（4）立体呈现，形式多样：面对新型教材的编写无从下手是目前较为普遍的现象，如何以多种形式立体呈现，让学生活起来、动起来是当下教材编写的难点。其体例结构要紧紧围绕任务这条线进行描述，例如"学习目标""学习任务""能力拓展""任务评价"等结构层次。其中，学习目标是根据学习任务达成度，提出要求，描述时应具体、可量化、可实施。学习任务是以工作任务驱动知识和技能的掌握，应体现教你学或教你做的内容。能力拓展有知识拓展、技能训练、任务训练等形式，是让学生实践完成的内容。任务评价有思考题、练一练、想一想、做一做等形式，目的在于评估学生是否已掌握相关知识和技能。这些基本的体例结构还可插入"任务描述""任务实施"等，要求全书统一体例结构。

（四）编写准备

根据教材定位、编写目标、编写原则及要求，在双方负责人的统筹和协调下，先深入企业调研教材编写的相关基础要求，为编写做足准备工作。

1. 了解岗位相关要求

（1）学习单元的设计应体现以学生为主体：创设真实的工作情境，通过任务引领的工作过程促进学生主动分析、判断和解决问题，提高学生的能动性和自主性。项目（模块）是工作过程的系统化，任务是具体的岗位工作要求。为此，先要了解与岗位的相关要求。

（2）从真实岗位中选取素材：渗透职业素养培养，根据学校、企业的实际办学条件,结合学生的学习能力,确定合理、可行的典型工作任务。为了使教材内容与职业岗位工作任务对接,应将工作任务进行提炼和组合,再转换为教材内容。内容的设计应充分体现任务引领、实践导向的教学形式,引入典型生产案例,紧密联系工作实际,突出应用性和实践性。

2. 了解学习相关需求　根据教学标准中的知识内容与能力要求,合理设计项目(任务)和教学活动。注重学生职业能力和可持续发展能力的培养,只有紧贴岗位需求重构知识体系,才能体现理论与实践、知识与技能、学历教育与职业培训三结合。新型教材除强调基础知识和基本技能外,还要根据最新发展理念,结合书证融通的要求,扩展相关专业知识,满足学生终身发展和可持续发展的要求。

3. 选取体现新教法的案例　教材内容要渗透项目教学、案例教学、情境教学、模块化教学等教学方式,结合启发式、探究式、讨论式、参与式等教学方法,应用翻转课堂、混合式教学、理实一体教学等新型教学模式,推动课堂教学革命。注意重点从企业培训资源中选取与教材适应的教法、案例等教学资源。

4. 引入符合新趋势的教学资源　从行业中的龙头企业,引入体现新技术、新工艺、新规范的教材内容;开发或引入多种形式的数字化教学资源,配合纸质教材内容,使用音视频资源、教学课件、虚拟仿真、网络课程等信息化教学资源,丰富教材内容。

三、组织编写

主编或校企负责人要深入了解参编作者的具体情况,如参编作者的知识水平和教学、科研背景,了解其技术、技能和具体生产岗位的工作内容。通过编写会议,详细交流和研讨,讲解课程标准要求和编写理念,普及写作知识和编写技巧,激发参与热情,提高责任意识。

(一) 撰写教材目录

1. 头脑风暴法　主编是编写新型教材的领头羊,首先应转变其观念,才能将新型教材编写的理念落实。仅从每个作者的工作背景和经验较难确定该团队最适合的主编,而目录是教材体例的基本框架,采用头脑风暴法,让硬件条件符合主编要求的作者先根据个人的理解撰写教材目录,目录可以反映作者思想观念转变的情况并决定下一步工作。

(1) 目录符合要求:所撰写的目录符合新型教材结构特点的作者则进入下一环节,让其选择其中熟悉的内容编写样章。

(2) 目录不符合要求:如所有作者撰写的目录都仍未跳出传统教材体例,则由专家针对存在的问题进行指导,进一步完善;编写团队继续加强学习,提高认识。团队所有成员的认识程度可能参差不齐,但主编必须转变观念,思想认识必须到位。

2. **集体讨论**　头脑风暴法所撰写的目录是作者个人的理解。为了充分发挥学校教师的教学经验和写作能力,以及企业老师、行业专家的工作经验和技术优势,应该博采众长,由责任编辑组织团队对作者提交的目录进行集体研讨,进一步完善和确定本书的目录和内容结构。

(二) 撰写教材样章

1. **头脑风暴法**　通过撰写目录以及组织对目录的集体研讨,作者对新型教材有了更进一步的理解。在此基础上,继续采用头脑风暴法,让所有作者在确定的目录中选择其中一个内容并撰写样章。原则上是主编引导,作者自选。尽量让目录全部内容都落实到作者,不同作者可编写同一内容,但以个人编写为主。

2. **集体修改完善**　责任编辑和主编组织对样章初步审核,提出修改意见。相关作者应根据初审提出的修改意见进行修改完善。再次提交后,责任编辑和主编组织团队集体研讨,对最佳的那一稿再次提出修改完善的意见,根据修改意见完善后作为全书的模板并达成共识。

(三) 分配编写任务

1. **合理分配与自愿选择相结合**　主编要充分发挥学校教师和行业企业专家的各自优势,博采众长;充分调动参编者的积极性,确保编写工作进度及质量。主编可根据具体的项目、模块编写内容,或根据各任务操作过程,以及数字化素材的制作,针对参编者各自能力和优缺点进行合理分配,尽量由参编者自愿选取,尤其注意打破知识体系及模块分割,通过各自编写的做法,巧妙地发挥各自所长。

2. **作者要虚心,应有大局意识**　参编者应主动加深对教材整体的理解,详细了解负责编写的内容在整个教材中的位置和作用;接受主编的领导,向主编和其他同仁学习;要有耐心,能沉下心认真学习教育理论,熟悉课程标准,吃透编写大纲,理解样章;要有责任心,严格按照课程标准和编写大纲的要求,按照统一的体例格式,积极落实各项目、任务的知识和能力标准;要有诚心,努力提高写作水平,仔细斟酌用词用字,规范使用语言和文字,避免错字,努力通过书面内容完整清楚地讲解知识和技术。

3. **沟通协调,控制好编写进度**　主编和责任编辑应经常关注编写工作情况,把握编写进度,注意时间节点;协调处理编写中发现的问题,解决矛盾和冲突。

4. 交叉检查，不断完善

（1）交叉检查是保证教材质量的重要环节，也是批评与自我批评、提高编写水平的过程。要认真检查同行的稿件和数字化素材，帮助他们发现科学性和技术性错误，共同提高科研素养；修改和消灭低级错误，如错别字；发现和修改格式错误，保持书稿体例的美观和统一。

（2）交叉检查是学习、交流和提高的机会，能通过相互比照，发现自己的问题，尤其是以前没注意到、没有重视的问题；加深对整体书稿的理解，加深对课程标准的理解，提高编写水平，更好地修改自己的稿件；学习新的知识和技术，掌握更多教学技能，提高自己的教学水平和教学理念。

（3）交叉检查的原则是修改必有依据，要注意保持学习的态度，注意方式方法，切忌大刀阔斧，胆大而心不细。对有疑问的地方，尽量用铅笔注解，不要直接修改；多提意见，晚下结论。在解释或交流中要注意措辞，既要说明问题，表明自己的见解，又不失礼貌。

（4）校企作者的交叉检查，有助于及时吸收行业发展的新知识、新技术、新工艺、新方法，但要注意科学性、普适性和规范性原则，对尚不成熟还在探索阶段的新技术应增加详细说明。

5. 进一步修改完善
对于交叉检查中的修改要保留痕迹，方便互相学习和讨论。根据检查结果，仔细核对修改意见，虚心接受批评和指正，认真仔细修改。应做到耐心通读，逐字斟酌；对照他人稿件，吸取经验和教训，比照样章重新整理，进一步修改完善。

第五节　统稿审稿与出版

一、统稿审稿

（一）主编统稿

主编是编委会的灵魂人物，是教材内容的主要设计者之一，是编委会的领导，是第一作者。统稿就是主编按照编写大纲，根据双元合作原则确立的编写思想，评判、取舍各作者编写的章节；按照原定的结构、字数及体例要求，将各作者编写内容统一到一个整体中，统一文风、体例，使整个书稿连贯和完善。统稿是完稿的最后一步，也是工作量最大的一步，切不可投机取巧，不可委托他人代劳。与交叉检查不同，统稿不能各自为政，不能分片分工，必须主编亲力亲为。

主编按照约定的交稿时间,积极催收稿件,及时发现编写过程中出现的问题。对不能按时交稿的部分,应及时更换为其他作者,保证整个书稿能按时交稿,并留出充裕的统稿时间,以免影响后期制作。

(二) 主编审稿

尽管有样章,但各作者在编写过程中受限于传统教材的体例风格,加上文笔参差不齐,有可能引用相同的文献、会有内容的重复、格式差异等。主编应将前言、摘要等辅文,与各篇幅一起,按照逻辑关系,编排在一起,然后整体通读和修改。在最后把关环节,校企主编各有侧重。一个主编完成全部统稿后,交其他主编再整体通读检查。

主编要起到把关的作用,主编审稿是审核教材质量的第一关。主编在该环节应严格把握各部分编写的质量,保证其内容对接课程标准,符合行业企业人才培养需求,符合编委会确立的教材主旨。

1. **从全局出发,保证科学性** 检查和修改基本理论或公式,核实技术及操作步骤,保证书稿技术性无差错;检查各项目、任务是否能体现基于工作的学习和职业能力培养;保证书稿的完整性和逻辑性,避免遗漏;保证各部分篇幅基本平衡,使各任务设置更加合理;修改典型案例,体现岗位工作内容,落实知识点,体现最新科研、生产成果。审核数字化素材是否与正文搭配,无版权问题。

2. **从全稿出发,保证统一性** 检查文字、图、表无前后重复,专业词汇、数据和标准统一口径;确保引用的数据有效,体例统一。

3. **按照科技术语的规范修改书稿** 按照科技术语规范修改润色,使书稿写作风格统一规范,语言严谨简洁,表达准确流畅;图、表与正文精准配合。

4. **全面审读数字化素材** 检查内容是否正确,是否符合要求;注意版权和法律问题,确保无政治差错,无隐藏的非法、反动内容;按统一的格式命名,合理安排各部分的文件夹;检查二维码是否有效,是否符合相应的正文内容,并安排合适的位置插入二维码。

二、主审审稿

(1) 不同于普通教材的专家,新型教材的审稿专家必须具有丰富的职业教育理论研究及校企合作实践成果。如对于现代学徒制双元育人教材,主审应深谙中国特色现代学徒制理论体系,能指导探索实践,从战略上判断教材的编写方向;评估、检查和促进教材进一步符合现代新型教育体制。

(2) 专家应具有丰富的教学经验,掌握最新的职业教育思想和教学手段,能评判教材的内容是否符合现代教育理念,是否切合双元育人的培养模式,是否符合课程思政的教学要求,是否能对标职业院校和用人企业共同开发的高质量的人力、设备、信息、课程等教育资源和高水平的育人平台。从整体上判断教材是否符合能力培养目标的要求。

(3) 主审是课程专业领域的带头人,能发现教材中的专业性、科学性、逻辑性问题;主审应熟悉岗位工作流程,能判断、检查内容是否符合岗位实际,是否采用了最新的技术、工艺和知识成果。

(4) 审稿专家写出具体的审稿意见,提出整体修改建议,就个别篇幅提出具体的修改办法和要求。

三、交稿

(1) 根据审稿意见,主编协调参编老师共同完成修改工作。对于不能修改的部分,写出具体原因,或提出其他补救办法,经审稿专家认可后完成修改。

(2) 修改后的稿件应符合齐、清、定的原则,即各组成部分齐全,没有遗漏;文字表述清晰,无异议;图表内容清晰,明确易懂,图表数量和顺序确定;项目、模块、体例统一,内容确定,名词及计量单位规范。

(3) 稿件符合交稿要求,可将 Word 版文稿经电子邮件、QQ、微信等电子途径,提交责任编辑。

(4) 交稿的同时或者稍后,将整理的数字化素材打包提交给责任编辑。

四、出版印制流程

出版流程会根据实际情况略有改动,基本步骤如图 2-2-4 所示。

(一) 编辑审稿

审稿是保证教材质量的重要环节。根据国家规定,出版社实行三级审稿制度。

1. 初步评价及处理 由于责任编辑参与了课程建设过程,参加了教材大纲制作,了解主编的教材内容设计思想,能感知教材的方向是否正确。责任编辑初审电子版稿件,初步做出评价和选择,按照双元制职业教育改革精神,比对课程标准和教材编写大纲,通过初步审读,判断初稿是否符合出版要求,对初稿的内容价值和表现形式的科学性、知识性、思想性、政治性,尤其是独创性作出整体性的基本评价。然后,根据评价确定出版价值:对符合要求的初稿,接受出版,或提出修改、补充意见,进入出版流程;对不符合要求的则作退稿处理,提出明确的

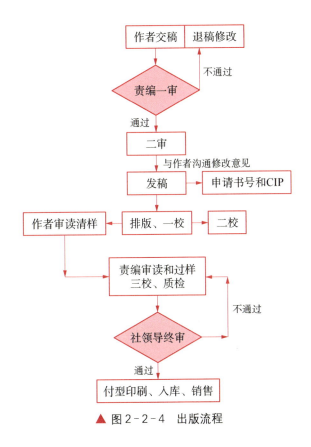

▲ 图2-2-4 出版流程

退稿原因。

2. 一审　由责任编辑负责,责任编辑作为该教材后期制作质量的首要负责人,也是未来教材形态的主要设计者和出版流程各环节的推动者,负责与主编直接沟通。

3. 二审　由经验丰富的编辑负责,以更高的层次通读全稿,对稿件内容全面把关;同时审核初审意见,补充审稿和修改说明。

4. 与作者沟通修改意见　责任编辑将二审意见综合后,与主编沟通、协商并修改原稿。在这一阶段,责任编辑应发挥主动性,利用编辑功力,根据出版标准,进一步消灭差错,规范、整理和提高稿件质量。同时,全面观看、审核数字化素材,实际扫描检查二维码是否有效,链接是否正确,确保文字、视频、音频等无政治性错误,无隐藏内容或病毒。

5. 终审　是出版印刷前最后一道质量把关程序,由社级领导负责,通读全稿,审查稿件的政治导向和思想倾向,就稿件是否符合国家法律法规、是否符合社会主义精神文明建设的宗旨和社会道德规范做出最后评判。

审稿是不断发现问题和解决问题的过程,责任编辑和主编会反复沟通,经过多轮修改,获得最终稿件。主编应领导所有作者,积极配合,共同提高稿件的科学性和文字质量。

(二)发稿排版,整体设计

1. **发稿** 将初具形态的稿件送达出版社编务部门,经审核,达到齐、清、定出版的基本要求后,一方面将责任编辑提交的审稿文件上传新闻出版局,申请书号和CIP;另一方面将稿件发往排版公司,开始排版制作。

2. **排版** 排版公司用专业的排版软件(例如方正排版软件)处理稿件的Word文本。根据编辑的标注和版式设计,录入、修改文字,设置版心和文本格式,编排书眉、页码和目录,制作图表。最终生成PDF格式的排版文件。

3. **整体设计** 责任编辑协同美术编辑、排版设计人员,根据稿件的专业特点、内容风格,设计版式、封面、装订样式,从工艺、技术和艺术上对图书成品的形态做出整体规划,制定实施方案,使最终出版的教材内外协调,达到使用价值和审美价值的统一。

(三)清样处理

排版后的文件经过一校后打印3份清样,一份由主编分发给相应作者审读清样,另一份由专业的校对人员进行二校,第三份由责任编辑审读。主编应亲自通读全文,检查书名、作者署名,以及辅文、正文的疏漏和错误,核对编辑的修改意见,回答一校提出的质疑,检查图表制作是否有误。主编将所有作者审读后的修改意见用红笔标注在一份清样上(注意修改尽量不要改动版面),交给责任编辑。责任编辑将返回的作者清样和二校清样上的修改意见合并在一份校样上(过样),进一步通读及检查全文。

(四)印刷入库

根据二校样的修改标注,排版公司做再一次修改和排版并打印三校样。三校样由出版科装订即付型样,再送质检部门进行付型样审读和终审。合格的付型样送印刷厂印刷和入库。

责任编辑全程追踪,实时检查排版、印刷效果,追踪入库时间。监督、检查、协同后期数字化素材的制作及上传。

(五)教材营销

随着国家相关政策的出台,现代学徒制正在由试点院校向全面改革的方向发展,双元育人的新型教材市场正逐渐打开。出版社应根据教材的专业方向,协同出版社宣传部门制定线上电子媒体,以及线下的专业会议、研讨、展览等,深入做好宣传工作。出版社发行部门利用学校、图书馆、书店、书商等多种渠道,将教材推向市场,进入校园。老师、学生在教材使用过程中,如果发现问题、提出建议,应及时反馈到出版社,由责任编辑汇总多部门信息,制定重印修改或再版计划。

参考文献

[1] 姜大源. 当代德国职业教育主流教学思想研究:理论、实践与创新. 北京:清华大学出版社,2007.

[2] 姜大源. 职业教育:课程与教材辨. 中国职业技术教育,2008,(19):1-1.

[3] 李玉珠. 德国学徒制的制度构成分析. 中国职业技术教育,2016,(6):66-72.

[4] 丁敏,李梅,郝霄鹏. 现代学徒制理论的国别研究. 经济与社会发展研究,2020,(8):270,281.

[5] 吕凤亚,张瑞芳. 论德国现代学徒制及其对我国的启示. 劳动保障世界,2019,(11):77-78.

[6] 帅志清. 基于职业教育的项目式教材开发. 计算机教育,2015,(11):112-115.

[7] 吴晓,沈亚强. 基于课程性质的职业教育项目式教材设计. 中国职业技术教育,2014(5):78-82.

第三部分　课程及教材开发案例

第一章
课程开发案例

本章所提供的案例,是从现代学徒制目前试点专业中挑选的。所有案例的选择均以提供更多有参考借鉴价值的案例为出发点,尽可能从不同类型专业中挑选典型案例,并借助互联网技术,按照专业或材料类型打包,用扫描二维码的方式查看详细内容,让读者获得更多的案例信息。入选案例的专业目前已经完成系统课程开发工作,而且在整个课程开发过程中,能较好地体现校企合作开发理念,所形成的阶段性成果在同类专业中具有一定的代表性。

一、调研案例

(一) 调查问卷案例

每个专业在进行岗位需求调研时,需针对不同的调查对象设计问卷,调查对象包括在校生、毕业生、企业一线员工、企业管理层等。在此提供了多套在线调查问卷,每套问卷由一个专业所有完成调研的问卷打包后汇总而成。注意:不同专业所采用的在线调查的软件不同,问卷设计的格式也有所不同。

【案例3-1-1】
某专业在线调查问卷1

使用某公司自行设计的问卷调查软件开展岗位需求调研。调查对象包括在校生、毕业生、专业教师、企业一线员工、企业管理层。在面向同一类调查对象的问卷中,部分选题针对性强,则以子题形式编写,问卷调查软件可自动进行分类。如毕业生调查,针对不同毕业时间的学生,部分选题以子题形式设计。扫描下述二维码,可查看案例3-1-1的在线调查问卷包。

▲ 3-1-1
在线调查问卷包1

【案例 3-1-2】

某专业在线调查问卷 2

这里是按照问卷星格式要求设计的,即按照不同调查对象分别设计调查问卷(如职业院校、企业、毕业生、在校生)。扫描下述二维码,可查看案例 3-1-2 的在线调查问卷包 2。

案例提示:针对不同调查对象的问卷,其开头语的写法也不同。在调查问卷设计时,很多人都会重点思考问卷内容,但调查问卷开头语也是至关重要的。一份问卷能否被调查对象接受,一定程度上取决于开头语。开头语对被访问者的称

▲ 3-1-2
在线调查问卷包 2

呼,表示对人的一种尊重,能够产生一种好感。除此之外,开头部分要体现这次调查问卷的目的和意义,说明此次调查的信息是保密的,消除被访问者的顾虑,同时能够获得被访问者足够重视和支持。

由于纸质问卷与在线问卷的格式要求不同,在了解问卷设计的基本结构、设计原则的基础上,应按不同问卷设计格式的要求,认真仔细地设计、测试和调整,才能保证最终问卷能提供准确有效的信息资料。

(二)访谈案例

进行深度访谈之前,应让访谈对象所在单位了解访谈的目的、内容、访谈对象及访谈时间等,以便受访单位做好受访人员的时间和工作安排,同时让受访对象提前做好准备工作,使深度访谈收到预期效果。

【案例 3-1-3】 行业访谈提纲

行业访谈提纲详见表 3-1-1。

表 3-1-1 行业访谈提纲

单位名称: 受访人姓名: 受访人职务: 访谈时间: 导语(简要说明到访的目的) 　　为更好地培养……人才,促进……,我们开展以下调研。非常感谢您的配合,您的意见和建议将对本次调研起到十分重要的作用,谢谢! (1)本行业的相关产业目前的发展情况怎样?

续 表

(2) 人才方面存在哪些困难？本行业从业人员的现状(需求、数量)？
(3) 您对本行业未来发展趋势是如何看待的？
(4) 所在地区产业转型升级对行业有哪些影响？
(5) 本行业的发展需要哪些技术人才？需求量多少？
(6) 人才需求有哪些趋势？
……

【案例3-1-4】 企业负责人访谈提纲

企业负责人访谈提纲详见表3-1-2。

表3-1-2 企业负责人访谈提纲

单位名称：
企业主营业务：
受访人姓名：
受访人职务：
访谈时间：
(1) 本地区经济转型对企业有哪些影响？
(2) 针对以上影响，企业生产对技能型人才的需求有哪些变化(素质、层次、结构)？
(3) 贵公司在提高员工尤其是技术工人素质方面采取了哪些具体措施？
(4) 贵公司有没有什么代表企业文化精神的口号、标识？
(5) 针对培养企业生产一线真正需要的技能型人才，职业技术院校应该着重加强哪些方面的教育工作？
(6) 贵公司愿意通过何种方式支持和帮助职业技术院校提高教育教学质量？(如技术人员是否可以做学校兼职教师？平均每月可以上课的时数？有哪些上课形式是可行的？学校教师能否进入企业技术部门参与技术开发工作)
(7) 对教育部门加强本领域职业技术教育有何意见和建议？
(8) 未来企业发展对哪些业务会有所侧重和调整？
(9) 职业技术院校可以为贵公司的员工培训做哪些工作？

二、职业能力分析案例

(一) 岗位能力分析表

对于职业能力分析的描述是否规范、准确，与主持人的引导及参会专家对岗位工作的熟悉程度有着直接关系。通常情况，对职业能力分析的描述越具体详细，以此为依据所开发的课程则越容易实现课程内容与岗位需求对接。如参会的企业专家来自比分析岗位更高层级的工作岗位，不了解所分析岗位的具体工作，那么让其将岗位工作进一步细分为工作项目和工作任务则会较难，因此，所获得的职业能力分析结果可能过于笼统(职业能力条目数少),在进行课程内容与能力对接时,很难避免重复多次的对接情况。为了实现课程与企业的实际需求精准对接,一旦出现职业能力分析过粗的情况,有必要在会后让相关岗位一线人员按照职业能力分析方法进行补充并规范表述,这样才能获得效果较好的职业能力分析表。

下述案例来自同一主持人主持的不同类型专业的职业能力分研讨会,由于较好地发挥了企业参会专家的作用,所形成职业能力分析表(原始表)的效果较好,但部分专业仍有细分的空间。

【案例3-1-5】

城市轨道交通运营管理专业行值岗位能力分析

城市轨道交通运营管理专业行值岗位能力分析详见表3-1-3。

表3-1-3 城市轨道交通运营管理专业行值岗位能力分析

工作项目		工作任务		职业能力		能力要求	
项目编号	项目名称	任务编号	任务名称	能力编号	能力名称	高职	中专
01	值班交接	01-01	相关备品交接	01-01-01	能够准确掌握行车备品情况,并进行交接	高职	
				01-01-02	完成相关台账填写,并准确交接	高职	
				01-01-03	掌握客运服务柜内客运服务备品的数量、种类,并准确交接	高职	
				01-01-04	掌握保管的行值钥匙柜内钥匙种类、数量,并准确交接	高职	
				01-01-05	掌握消防柜内消防类备品的种类、数量,并准确交接	高职	
		01-02	相关事项交接	01-02-01	能够正确填写各类台账,并交接完整	高职	
				01-02-02	能够清楚交接需完成的事项,做到按时上传各类资料	高职	
02	设备监控	02-01	CCTV监控	02-01-01	掌握CCTV设备的基本操作(调取录像、调整球形摄像头等)	高职	

续 表

工作项目		工作任务		职业能力		能力要求	
项目编号	项目名称	任务编号	任务名称	能力编号	能力名称	高职	中专
		02-02	ISCS监控	02-02-01	掌握ISCS设备的基本操作(如何下发火灾模式、如何控制门禁系统等)	高职	
		02-03	IBP盘监控	02-03-01	掌握IBP盘设备的基本操作(站台门开关、紧急停车设置、门禁紧急释放操作等)	高职	
		02-04	FAS监控	02-04-01	掌握FAS设备的基本操作(如何查询历史记录、如何切换手自动位等)	高职	
		02-05	SC监控	02-05-01	掌握SC设备的基本操作(如何操作闸机、如何操作TVM、票务系统等)	高职	
		02-06	广播控制盒操作	02-06-01	掌握ISCS设备的基本操作(如何下发火灾模式、如何控制门禁系统等)	高职	
		02-07	门禁监控	02-07-01	掌握门禁的基本操作(如何下发开关门禁、如何设置门禁常开等)	高职	

【案例3-1-6】

某专业及岗位能力分析表

可扫描下述二维码查看案例3-1-6的岗位能力分析表。

▲ 3-1-3
岗位职业能力分析表

(二) 职业能力分析汇总表

职业能力分析汇总表是将不同岗位能力分析表（原始表）进一步完善、整理并进行汇总编号后形成的。扫描下述二维码，可获取多个专业职业能力分析汇总表。

【案例 3-1-7】

城市轨道交通运营管理专业能力分析汇总表

城市轨道交通运营管理专业能力分析汇总表详见表 3-1-4。

表 3-1-4 城市轨道交通运营管理专业能力分析汇总表（节选）

工作项目		工作任务		职业能力		学习水平		
项目编号	项目名称	任务编号	任务名称	能力编号	能力名称	中职 L_i	高职 L_j	本科 L_k
01	客服上岗	01-01	仪容仪表规范	01-01-01	能够按照规定正确进行着装及配饰	L1	L1	
				01-01-02	能够使用规范的服务语言	L1	L1	
				01-01-03	能够注重上岗的精神面貌	L1	L1	
				01-01-04	熟练掌握标准服务手势	L1	L1	
		01-02	配票	01-02-01	掌握现金、票卡清点流程	L1	L1	
				01-02-02	掌握 SC 系统上客服配票操作流程，确保信息数据上传无误	L1	L1	
				01-02-03	掌握配票过程中相关规章制度，做好岗位双人确认	L1	L1	
				01-02-04	熟练使用点钞机、票卡清点机	L1	L1	
				01-02-05	能够熟练核对现金票卡数量，保证数据无误	L1	L1	

【案例 3-1-8】

其他专业职业能力分析汇总表

扫描下述二维码，可查看其他专业职业能力分析汇总表。

▲3-1-4

职业能力分析汇总表

三、课程转换案例

(一)典型工作任务

本案例提供了多个专业的典型工作任务,每个专业的典型工作任务都是在职业能力分析基础上,针对分析岗位包含的工作项目和工作任务,进一步总结、提炼、重组后得到的一类工作任务。

【案例3-1-9】 城市轨道交通运营管理专业典型工作任务

城市轨道交通运营管理专业典型工作任务包括票务设备操作、日常乘客事务处理、票务应急处理、接发车作业、站台应急处理、车站设备监控、运营信息汇报、厂站施工管理、车站应急处理、车站票务管理、车站班组管理、危机公关、车站巡视。

【案例3-1-10】

其他专业典型工作任务案例

扫描下述二维码,可查看其他专业典型工作任务。

▲3-1-5

其他专业典型工作任务

(二)专业课程

专业课程的设置是基于典型工作任务的职业能力要求,由校企课程专家通过头脑风暴法、转换法(直接转换法、提炼法、组合法)进行分析而形成。其课程内容已经重构,更加强调与职业能力对接,突出能力培养。

【案例3-1-11】

城市轨道交通运营管理的专业课程

城市轨道交通运营管理的专业课程包括以下内容。

1. 专业技术技能课程(校企课程) 城轨票务实务、城轨客运服务与组织、城轨行车组织、城轨安全与应急管理、城轨车站设备、施工管理、城轨班组管理、危机公关、车站运作等。

2. 学徒岗位课程(企业课程) 城轨企业文化、安全教育、安全管理体系、车站应急响应机制、上岗认证培训等。

【案例3-1-12】

查看其他专业课程举例

扫描下述二维码,可查看其他专业课程举例。

▲ 3-1-6
其他专业课程

(三)课程与能力对接

课程与能力对接,是校企专家基于典型工作任务,采用头脑风暴法、转换法(直接转换法、提炼法、组合法)所形成的课程,是与职业能力分析形成的职业能力"对号入座"的结果。以下呈现的是医学美容技术专业《美容美体技术》课程与能力对接,其他专业的多门课程与能力对接请扫描二维码查看。

【案例3-1-13】

"美容美体技术"课程与能力对接

"美容美体技术"课程与能力对接表(整理后)详见表3-1-5。

表 3-1-5 "美容美体技术"课程与能力对接(整理后)

☑ 高职	☑ 专业技术技能课程	☐ 学徒岗位能力课程
课程名称	美容美体技术	
主要教学内容和要求	与美容师、美容技术主管岗位的典型工作任务进行对接,将国家美容师职业资格证(初、中、高级)的考核标准、行业项目标准化服务的考核标准、企业美容美体技术服务与培训标准进行融合,包括手部基本功训练、面部护理、肩颈护理等学习内容。通过本课程学习,要求学生具备运用经络美容基础理论、芳香疗法基础知识指导专业面部护理及身体护理项目操作的实践工作能力	

对接职业能力		
工作项目、任务及职业能力		
代码	内容	
03	熟悉项目及操作流程(头部、面部、胸部……)	
07-03	强化练习:护理手法(动作)、按摩手法步骤、用力方法、速度、技巧要求规范操作	
17	项目技术培训与指导	
04	入职培训考核	
08	学习新技术	

注:表中代码为职业能力分析汇总表中的职业能力编号。

▲3-1-7
课程与能力对接表
(整理后)

【案例 3-1-14】

"城轨票务实务"课程与能力对接

"城轨票务实务"课程与能力对接表(原始表)详见表 3-1-6。

表3-1-6 "城轨票务实务"课程与能力对接(原始表)

☑ 高职	☑ 专业技术技能课程
课程名称	城轨票务实务
主要教学内容和要求	……

对接职业能力

工作项目、任务及职业能力

代码	内　　容
01	客服上岗
01-02	配票
01-03	结算
01-04	交接班
02	票卡处理
03	票务设备操作
04	票务安全管理
05-01	票务设备故障应急处理
05-02	应急情况票务处理
05-19	票务应急处理
06-02	兑零
12	客值上岗
13	客服配票结算
15	票务盘点
16	运营结算
19-02-01	做好票务日常工作的监督运作
20-01-01	能够准确清点客伤备用金,并进行交接
20-01-03	掌握客伤备用金台账填写规范,正确填写台账
21-05	SC监控
26-03	票务应急指挥
26-03-01	熟知票务类现场处置方案原则
26-03-03	熟知票务类现场处置方案的各岗位职责
26-05	设备唤醒

续表

代码	内 容
27-01	票务收益审核
27-02	盘点审核
30-02-01	具备基本数据运算能力

注：这是职业能力分析研讨会所有专家将课程与能力对接的结果，是课程开发系统自动生成的，其中"主要教学内容和要求"，需要根据"课程与能力对接统计表"中每个代码的专家票数，即各个职业能力的统计结果进行整理，再用文字简明概述本课程的主要内容，才形成案例3-1-14完整的"课程与能力对接表"。

▲ 3-1-8
课程与能力对接表
（原始表）

（四）课程与能力对接统计表

在校企专业课程转换研讨会以后，应将参会专家通过独立思考完成的课程与能力对接结果进行统计汇总。本案例提供多个专业的课程与能力对接统计结果，可扫描二维码进行详细了解。

▲ 3-1-9
课程与能力对接统计结果

【案例3-1-15】

"城轨票务实务"课程与能力对接统计表

"城轨票务实务"课程与能力对接统计表见表3-1-7。

表3-1-7 "城轨票务实务"课程结构统计表（节选）

课程	工作项目		专家选项（A 院校专家，B 企业专家）									
	代码	内容	A1	A2	A3	A4	A5	A6	B1	B2	B3	合计
城轨票务实务	01	客服上岗								1		1
	01-02	配票	1	1	1	1	1	1		1		7
	01-03	结算	1	1	1	1	1	1		1		7

续　表

课程	工作项目		专家选项（A 院校专家，B 企业专家）									
	代码	内容	A1	A2	A3	A4	A5	A6	B1	B2	B3	合计
	01-04	交接班			1	1	1	1	1		1	6
	02	票卡处理	1	1	1	1	1	1	1	1	1	9
	03	票务设备操作	1		1	1	1	1	1	1	1	8
	04	票务安全管理	1		1	1	1	1	1	1	1	8
	05-01	票务设备故障应急处理	1	1	1	1	1	1	1	1	1	9
	05-02	应急情况票务处理		1	1	1	1		1		1	7
	05-19	票务应急处理	1	1	1	1	1	1			1	8
	06-02	兑零				1					1	2
	12	客值上岗		1	1	1	1	1	1		1	7
	13	客服配票结算		1	1	1	1	1	1	1	1	8
	15	票务盘点	1	1	1	1	1	1	1	1	1	9
	16	运营结算	1		1	1	1	1			1	7
	19-02-01	做好票务日常工作的监督运作						1				1

第二章

教材编写案例

一、教材编写准备

(一) 教材编写计划

系列教材开发是一项系统工程,首先应制订教材编写方案或编写计划,以便把控编写进度,与出版社编辑统筹协调相关工作。方案应根据各个专业和学校的要求不同而进行调整,没有固定的模板,通常包括编写计划、预期目标、编写人员、编写大纲、样章等教材编写过程的相关要素(相关内容参见第二部分第二章)。

(二) 主编遴选要求

不同出版社或不同类型教材对主编的基本专业能力、相关工作经验有共性要求,也有个性化要求(相关内容参见第二部分第二章)。

【案例3-1-16】

复旦大学出版社《关于现代学徒制系列教材主编、副主编遴选办法及要求》

复旦大学出版社在现代学徒制双元育人系列教材编写的探索实践中,制定的"关于现代学徒制系列教材主编、副主编的遴选办法及要求",也适用于"双元"合作开发教材的主编遴选,具体内容如下。

现代学徒制系列教材在编写理念与内容组织等方面与传统教材截然不同。前期实践证明,以教师个人意向确定主编、副主编的办法,有可能因个人对现代学徒制理解不到位而导致编写的教材达不到该系列教材的总体要求。为了保证编写的现代学徒制系列教材符合出版要求,并且能够按照编写计划和时间进度顺利完成,现对相关教材的主编和副主编的遴选办法及要求规定如下。

一、遴选办法

1. 首先由各编写组成员自荐或推选主编和副主编，根据其对整本教材编写的指导水平以及后续统稿、修改、完善等各方面的能力，是否能够有效发挥在编写组中的领导作用综合考虑。

2. 有意向担任主编的老师，需要按照"主编提交材料要求"，将相关材料交给复旦大学出版社相关编辑。相关编辑将收到的各份目录、样章隐去真实姓名后发到编写组，通过编写组成员互评、出版社讨论相结合的方式遴选出这本教材的主编，保证对每位有意向担任主编的老师实现公平、公正、公开的原则。

3. 主编提交材料要求

（1）未启动教材：根据编写要求、教材定位，按照自己的理解设计出教材目录、体例框架和编写样章。

（2）已经启动且目录已基本确定的教材：如对现有的目录、体例和样章有不同意见，可以根据自己的想法重新编写目录、体例和样章。

二、主编的义务和责任

1. 每本教材启动后，需要先确定这本教材的召集人和联络人。

2. 最先担任召集人和联络工作的老师，如果同时也能够胜任主编的审稿、修改、统稿、指导、协调等工作，结合编写组内成员的意见，出版社会确定其为第一主编。

3. 每本教材的主编一般最多不超过3人，第二或第三主编由出版社根据后续工作情况（如编写大纲、样章、正文内容、全书统稿、协调工作等）来确定每本教材其余的主编人选。

4. 每本教材的审稿和统稿全部由第一主编负责。第一主编要保证对教材的编写要求理解到位并能确保实施，把控全局，全面掌握教材的结构、内容、编写进度，合理安排交稿时间，并负责与出版社进行沟通。

5. 书稿编写完成之后，由第一主编组织编写组成员进行交叉审稿2~3次。第一主编确认编写质量后再将书稿发给出版社。书稿排版后的清样审读也由第一主编负责组织安排。在每位编写成员对自己编写内容进行检查核对的基础上，主编和副主编需要对整本校样质量进行把关。

6. 建议每本教材的主编、副主编不能来自同一所学校或者同一家企业。每本教材的主编和副主编中至少有一位来自企业。

三、副主编的义务和责任

1. 每本教材的副主编最多不超过3人。有意向担任副主编的老师，可以在推荐表里提出，并开始进行下一步工作。

2. 协助主编、主审和责任编辑的相关工作。

3. 协助主编完成部分审稿、修改和统稿工作。

4. 能够在教材中承担比较多的编写任务。

5. 编写内容符合要求,且没有多次被推翻重写。

6. 如果所在学校能够确保使用教材,并且使用数量较多,将优先考虑确定为副主编。

二、教材编写体例和样章

(一)编写体例

校企"双元"合作开发的新型教材的体例结构具有明显的职业教育特征,突破传统教材的篇章结构,采用单元-任务、模块-单元(项目)-任务、单元-项目-任务等结构形式。教材的目录分级需根据课程内容及特点来确定,以下举例说明。

【案例3-1-17】

单元-任务的目录体例样

目 录 CONTENTS

单元一 常用物理疗法	1-1
任务一 常用物理疗法原理	1-1
一、声能疗法	1-1
二、光能疗法	1-4
三、电磁能疗法	1-8
四、冷、热疗法	1-11
五、机械能疗法	1-15
六、水能疗法	1-17
任务二 物理疗法的美容应用与医疗美容应用的差异	1-20
一、与美容相关的人体生理需求	1-20
二、声、光、电仪器的美容应用与医疗美容应用的差异	1-20
单元二 美容仪器	2-1
任务一 皮肤检测仪	2-1
一、基本构造与原理	2-1
二、美容应用范围	2-2
三、规范操作程序	2-3
四、使用注意事项	2-3
五、案例分析	2-3
任务二 小气泡美容仪	2-4
一、基本构造与原理	2-4
二、美容应用范围	2-5
三、规范操作程序	2-6
四、使用注意事项	2-6
五、案例分析	2-6
任务三 注氧美容仪	2-7
一、基本原理	2-7
二、美容应用范围	2-8
三、规范操作程序	2-8
四、使用注意事项	2-11
五、案例对比	2-12
任务四 导入美容仪	2-12
一、基本分类与原理	2-13
二、美容应用范围	2-13
三、规范操作程序	2-13
四、使用注意事项	2-14
五、案例对比	2-14
任务五 微针美容仪	2-15
一、基本构造与原理	2-15
二、美容应用范围	2-16
三、规范操作程序	2-16
四、使用注意事项	2-16
五、案例对比	2-17
任务六 射频美容仪	2-17
一、基本构造与原理	2-17
二、美容应用范围	2-18
三、规范操作程序	2-18
四、使用注意事项	2-19
五、案例对比	2-19
任务七 聚焦超声波美容仪	2-20
一、基本构造与原理	2-20
二、美容应用范围	2-22
三、规范操作程序	2-22
四、使用注意事项	2-23
五、案例对比	2-24
任务八 美体综合仪	2-24
一、基本构造与原理	2-25
二、美容应用范围	2-26
三、规范操作程序	2-26
四、使用注意事项	2-29
五、案例对比	2-29
任务九 腹臀减脂仪	2-29
一、基本原理	2-30
二、美容应用范围	2-30
三、规范操作程序	2-31

【案例 3-1-18】

模块-项目-任务的目录体例样

■ 目 录 CONTENTS

模块一　基本功训练

项目一　手部基本功训练 ………………………………… 1-2
　　任务一　力度训练 ………………………………… 1-3
　　　　一、指力训练 ………………………………… 1-3
　　　　二、腕力训练 ………………………………… 1-4
　　任务二　柔软度训练 ……………………………… 1-6
　　　　一、旋腕训练 ………………………………… 1-6
　　　　二、掌横推训练 ……………………………… 1-6
　　　　三、手波浪训练 ……………………………… 1-6
　　　　四、掌前推训练 ……………………………… 1-7
　　　　五、甩手训练 ………………………………… 1-7
　　任务三　灵活度训练 ……………………………… 1-8
　　　　一、压指训练 ………………………………… 1-8
　　　　二、轮指训练 ………………………………… 1-8
　　　　三、弹指训练 ………………………………… 1-9
　　　　四、拉指训练 ………………………………… 1-9
　　任务四　服贴度训练 ……………………………… 1-10
　　　　一、掌服贴度训练 …………………………… 1-10
　　　　二、掌指服贴度训练 ………………………… 1-10
　　任务五　综合训练 ………………………………… 1-11
　　　　一、"指之韵"手操 …………………………… 1-11
　　　　二、易筋操 …………………………………… 1-11

项目二　基础按摩手法训练 ……………………………… 1-13
　　任务一　基础按摩手法 …………………………… 1-13
　　　　一、常用按摩手法要领 ……………………… 1-14
　　　　二、辅助按摩手法要领 ……………………… 1-15
　　任务二　基础按摩手法应用训练 ………………… 1-16
　　　　一、基础按摩操作站位和操作姿势 ………… 1-16
　　　　二、基础按摩手法应用训练 ………………… 1-17

模块二　面部基础护理

项目一　面部护理基本能力 ……………………………… 2-2
　　任务一　认知面部按摩 …………………………… 2-2
　　　　一、面部按摩种类 …………………………… 2-2
　　　　二、面部按摩特点 …………………………… 2-3
　　　　三、面部按摩介质选择 ……………………… 2-4
　　　　四、面部按摩注意事项 ……………………… 2-5
　　任务二　按摩对头面部组织结构的影响 ………… 2-5
　　　　一、按摩对表皮的影响 ……………………… 2-5
　　　　二、按摩对真皮、皮下组织的影响 ………… 2-6
　　　　三、按摩对皮肤毛细血管、淋巴管和神经组织的影响 … 2-7
　　　　四、按摩对皮肤附属器官的影响 …………… 2-8
　　　　五、按摩对肌肉、筋膜的影响 ……………… 2-8
　　　　六、按摩对面部经络的影响 ………………… 2-8

项目二　面部护理方案 …………………………………… 2-10
　　任务一　皮肤类型与分析判断 …………………… 2-10
　　　　一、皮肤分型及各类皮肤特点 ……………… 2-11
　　　　二、各类皮肤按摩要领与日常防护 ………… 2-11
　　　　三、常用面部皮肤分析判断方法(皮肤测试法) … 2-12
　　任务二　面部护理方案 …………………………… 2-14
　　　　一、面部护理方案的基本内容 ……………… 2-14
　　　　二、面部护理方案的形式 …………………… 2-15
　　　　三、制作面部护理方案注意事项 …………… 2-15
　　　　四、获得顾客信息的方法 …………………… 2-16
　　　　五、制作面部护理方案工作程序 …………… 2-16

项目三　面部护理服务 …………………………………… 2-24
　　任务一　面部护理服务标准 ……………………… 2-24

【案例3-1-19】

模块-单元-任务的目录体例样

【案例3-1-20】 正文体例

单元一 ××××（单元名称）

【情景导入】(也可以放在任务里)

编写说明：通过真实工作任务或情景，对本单元学习内容关联的案例、经验或问题等进行简明陈述，激发学习者对本单元内容产生兴趣，起到承上启下的作用。一般通过小案例或小故事形式呈现。

任务一 ××××（任务名称,动词+名词）

【学习目标】

编写说明：用条目或简明陈述形式，描述完成学习任务（或工作任务）应达到的要求，重点体现能用知识解决什么问题或会做什么？目标清晰，可操作、可量化。

【学习任务】

编写说明：呈现具体要学习的内容（知识＋技能），让学习者明确应该达到的学习目标，需要学什么？做什么？

学习任务是任务中的重要内容,是根据完成实际工作任务提炼出的知识或技能,包括方法、流程、注意事项、操作方法等。

【任务分析】

编写说明:根据学情,对完成学习任务的过程、达到预期目标、可能遇到的问题和难点等进行分析,并针对分析结果提出解决方案。目的是使学生进一步理解学习任务,提高完成学习任务的效率,取得好的学习效果。

【任务准备】

编写说明:描述任务实施需要做的准备工作,包括所需资料、工具、案例等。

【任务实施】

编写说明:重点陈述完成学习任务的过程、方法、途径等,让教育者针对学习任务及要求,结合学习者的具体情况,采取适当的方法,引导、启发、协助学习者围绕学习任务的要求(学什么?做什么?)进行相关知识的学习及操作、技能训练等,从而达到学习目标,即让学习者明白怎么学,怎么做。

注意任务实施与学习任务两者的区别,其描述的角度不同。前者是达成学习目标的过程,后者是达成学习目标的内容。

【任务评价】

编写说明:是对学习达标度的检测,其测评的形式多样,具体形式应根据学习任务的内容进行确定,旨在了解学习者对学习的知识是否理解,是否会用,技能是否会操作。针对不同的学习任务,一般有知识考核评价(填空题、选择题、问答题等)、技能评价(完成操作情况、完成任务情况)等多种形式。

【能力拓展】或【知识链接】

编写说明:该部分的内容是相关任务的有关知识和技能的延伸,即知识或技能在广度或深度方面的拓展。

(二) 编写样章

目前,正式出版新型教材的专业较少,本案例以课程为例,选择多门课程的样章,其中有侧重基础知识的,也有侧重技能操作的,可扫描二维码进行详细了解。

▲ 3-2-1
侧重基础知识学习的样章

▲ 3-2-2
侧重技能操作的样章

图书在版编目(CIP)数据

职业能力导向课程及教材开发指南/赵鹏飞等主编. —上海：复旦大学出版社，2020.7
ISBN 978-7-309-15095-7

Ⅰ.①职… Ⅱ.①赵… Ⅲ.①职业教育-课程建设-研究-中国 ②职业教育-教材建设-研究-中国 Ⅳ.①G719.2 ②G712.33

中国版本图书馆 CIP 数据核字(2020)第 096507 号

职业能力导向课程及教材开发指南
赵鹏飞 吴 琼 杜怡萍 冯小军 主编
责任编辑/傅淑娟

复旦大学出版社有限公司出版发行
上海市国权路 579 号　邮编：200433
网址：fupnet@fudanpress.com　http://www.fudanpress.com
门市零售：86-21-65102580　团体订购：86-21-65104505
外埠邮购：86-21-65642846　出版部电话：86-21-65642845
常熟市华顺印刷有限公司

开本 787×1092　1/16　印张 10.5　字数 183 千
2020 年 7 月第 1 版第 1 次印刷

ISBN 978-7-309-15095-7/G·2125
定价：42.00 元

如有印装质量问题,请向复旦大学出版社有限公司出版部调换。
版权所有　侵权必究